舍弃思维5秒钟，9成工作变轻松

STOP UNNECESSARY THINKING FOR 5 SECONDS
AND 90 PERCENT OF YOUR WORK WILL BE SUCCESSFUL

断舍离

工作术

[日] 鸟原隆志　著
段博惠　王国宇　译

时代出版传媒股份有限公司
北京时代华文书局

图书在版编目（CIP）数据

断舍离工作术：舍弃思维5秒钟，9成工作变轻松／（日）鸟原隆志著；段博惠，王国宇译．－－北京：北京时代华文书局，2015.4

ISBN 978-7-5699-0177-1

Ⅰ．①断… Ⅱ．①鸟… ②段… ③王… Ⅲ．①工作方法—通俗读物 Ⅳ．①B026-49

中国版本图书馆CIP数据核字(2015)第048038号

著作权合同登记：图字01－2014－8494号

断舍离工作术：舍弃思维5秒钟，9成工作变轻松

著　　者	（日）鸟原隆志著；段博惠 王国宇译
出版人	田海明　朱智润
责任编辑	梁　静
特约编辑	董玲君
装帧设计	柏拉图　常美丽
营销推广	周莹莹

出版发行｜时代出版传媒股份有限公司 http://www.press-mart.com
　　　　　北京时代华文书局 http://www.bjsdsj.com.cn
　　　　　北京市东城区安定门外大街136号皇城国际大厦A座8楼
　　　　　邮编：100011　　电话：010－84829728

印　　刷	环球东方（北京）印务有限公司
	（如发现印装质量问题，请与印刷厂联系调换）
开　　本	880mm×1230mm　　1/32
印　　张	6.75
字　　数	110千字
版　　次	2015年5月第1版　2019年2月第2次印刷
书　　号	ISBN 978－7－5699－0177－1
定　　价	32.80元

版权所有，侵权必究

你是否也曾有过这样的经历？

「事情为什么会变成这样呢？」

明明拼了命地工作,为什么最后没有做出任何成果?

「事情为什么会变成这样呢？」

花费全部时间和精力写好的企划案,最后却得不到认可!

「事情为什么会变成这样呢?」

上司经常会指着自己呵斥：
「工作怎么就没个计划？！」

「事情为什么会变成这样呢?」

经常抱着脑袋想「事情为什么会变成这样呢?」的人,是做了太多无用思考的人。所以,最后工作没有任何成果,也不会得到上司的任何好评。

这样的一类人,只要把平时的行动稍作改变,就可以轻松完成9成的工作,这样的方法是什么呢?

行动前的「5秒」,扔掉自己无用的思考。

只要有了这个习惯，你就会惊奇地发现，不论是你的工作还是你的人生，都会开始发生改变。那么，你也就开始摆脱——遇到问题只会抱住头问自己「事情为什么会变成这样呢？」的失败人生。

目 录

序言　"舍弃思维 5 秒钟，9 成工作变轻松。"/1

第一章　请让思考从发生断裂开始

1 思考莫须有的东西，难以做出正确的决断 /3
- 测试能否瞬间做出正确决断的"IN BASKET"/3
- 造成人们判断失误的两个理由/4

2 比起做"加法"，更难得的是学会做"减法"/7
- 作为企业管理者，要学会如何"舍得"/7
- 把思考简化，成果就会出现/8

3 与其提高预期计划，不如首先达成预期 /11
- 希望你没有做跟成果不相关的思考/11
- 没有满足基本的要素，即使添加附加价值也会毫无意义/12

4 舍弃无用的思考，减少 9 成工作量 /15
- 真正必须去做的工作是什么/15
- "愿望"和"必须"的不同/17

5 比起切身"掌握要领",更简单的做法是"舍断要领" /19
- 扔掉许久不用的那些思考吧/19
- 不要选择"巧妙处理",而是选择"不去处理"/20

第二章 你一直犯的错误是过分使用自己掌握的本领

1 勤勤恳恳、恪尽职守,未必会使人满意 /23
- 3 行就能写完的邮件,扩写成 20 行的能力 /23
- 暴走行径,引起的弊害 /24

2 "扔掉什么",请选择 /27
- 能排出事情轻重缓急的人,总是更容易出成果/27
- 必要的是,学会"不使用自己本领的本领"/28

3 "各方面因素都到位之后……",这种慎重想法只会使机会流失 /31
- "如果再多给点儿时间的话就完成了",这样的话,你讲过吗/31
- 那些负面的指责,教会你舍弃不必要的思考/33

第三章　只用5秒钟，立见成效 →"断舍离"

初级进阶

1 深思力："大家会怎么想这件事呢" → 扔掉 /39

小剧场　"我都用了一个多小时来制作了，为什么最后会变成这样呢？" /39

2 风险管理力："这样真的万无一失吗" → 扔掉 /45

小剧场　"我只是想再确认一下申请上去是没有问题的， /45
　　　　为什么事情就变成这样了呢？"

3 人脉力："人脉的'数量'" → 扔掉 /53

小剧场　"我只是告诉他们要注意积攒人脉，为什么事情就变成这样了呢？" /53

4 问题发现力："成本思考的错误" → 扔掉 /59

小剧场　"我认为，这是最不花费人力，也最省成本的方法了。" /59

5 组织活用的能力："与对方休戚相关" → 扔掉 /65

小剧场　"不知道，我以为经理已经记下了关于B公司的所有要点。" /65

6 目标达成力:"到达终点的意识"→ 扔掉 /71

小剧场 "我以为完成了呢,为什么事情又变成这样了呢?" /71

7 利益追求力:"夺取竞争对手的利益"→ 扔掉 /77

小剧场 "他们赚我们的钱,我感到懊丧而已,事情怎么会变成这样?" /77

8 顾全大局的能力:"所有人都必须注意到"→ 扔掉 /83

小剧场 "我只是替司机多想了一下,为什么会变成这样?" /83

中级进阶

9 关怀力:"多余的体贴入微"→ 扔掉 /91

小剧场 "啊?不会吧?我本来是想找经理商量的嘛,怎么会变成这样?" /91

10 洞察力:"暂且延迟"→ 扔掉 /97

小剧场 "明明已经这么忙了,为什么事情还会变成这样呀?" /97

11 问题解决力："解决问题的本质" → 扔掉 /103

小剧场 "我也明白了公司的本质问题,那就是你!" /103
"啊?是我吗?为什么会变成这样?"

12 效率追求力："因为自己而使事件效率化" → 扔掉 /109

小剧场 "啊,我只是想高效地工作,为什么会变成这样"? /109

13 当事人意识力："前事不忘,后事之师" → 扔掉 /115

小剧场 "我只是想弄明白失败的原因,怎么会变成这样?" /115

14 传达力："繁冗的语言和文章" → 扔掉 /121

小剧场 "我只是按顺序说话而已,为什么会变成这样?" /121

15 协调力："我们是关系良好的集体" → 扔掉 /127

小剧场 "明明是为了大家才开的会,为什么变成了现在这样……" /127

高级进阶

16 问题分析力:"没那么简单"→ 扔掉 /133
小剧场 "我只不过是多方考虑一下,为什么会变成这样?" /133

17 创造力:"空想时间"→ 扔掉 /139
小剧场 "如果引进这一系统,不仅仅是仓库管理,就连利润管理也能简单完成。还有销售金额……" /139

18 计划力:"不战的理由"→ 扔掉 /145
小剧场 "我只不过按书上写的做了,为什么会变成现在这样啊……" /145

19 组织防御力:"遵循规章制度地工作"→ 扔掉 /151
小剧场 "啊,我没那意思。我只是想遵守规章,怎么就成了这样呢?" /151

20 危机察知力:"处处皆风险"→ 扔掉 /157
小剧场 "不仅如此。估计每平方米的租金都会增多,我们的工资会不会减少啊?万一这个大楼被恐怖组织袭击,那……" /157

21 人际交往的能力:"随意的猜想"→ 扔掉 /163
小剧场 "果然是在生气啊,为什么会变成这样呢?" /163

22 自我宣传力："自己很了不起" → 扔掉 /167

小剧场 "这个，没什么可隐瞒的，是我做的。 /167
大家都说这样的格式用起来很方便呢。"

第四章 控制"无用的思考"

1 了解自己"思考的框架" /173

- 构筑"成长基石"的必备要素 /173
- 关注失败的"真正原因" /174

2 逐一消除"无用的思考" /177

- 逐项修正"无用的思考" /177
- 思考的程度要随"环境"而定 178

3 把"无用的思考"和"行动"割离 /179

- 扔掉无用的思考，抓住每次机会 /179
- 拥有扔掉"理想"的勇气 /180

结语 /181

译者序一 /183

译者序二 /186

序言　舍弃思维5秒钟，9成工作变轻松

▶花费了时间和精力，最后却没有做出任何成果，这是为什么呢？

"你这种想法是画蛇添足啦！"

"这跟我想的效果完全不一样嘛！"

"相比花了这么长时间，最后做的也不怎么样呀！"

在交出自己做的企划书和提案书时，你有没有被上司这么评价过？

花费了时间和精力好不容易完成的工作，最后却得到这样负面的评价，换作谁都会很懊恼吧。

但是，在工作中，这种指责却是必不可少的附带语。从老板、同事、客户那里得不到自己期许的评价，这种事谁都会碰到。

我也有过这样的经历。

那个时候，我就把自己做出来的东西束之高阁，采取责备对方的态度。

"花费了时间，好不容易考虑出来的方案，到底是哪点让

你不满意了呢？"

既然得到的是负面的评价，那么肯定是有原因的。找出那个原因，才是你接下来要努力的方向。

本书就是帮助你发现那个一直阻挠你成功的原因，然后告诉你该如何处理遇到的问题。

▶工作的绊脚石——"无用的思考"

我使用的是"IN BASKET"的一种能力开发的规制，至今已经有超过 5000 人次的企业员工和团体领导接受过这项培训了。

在"IN BASKET"的训练中，能客观地知道自己的思维定式和自己能力的发挥程度。为了更好地提升团队业绩，如何改进自己的行为和思考方式，找出正确的修正方案，即是本书的目的。

我在上一本著作《决定事业成败的 5 秒钟思维法》中，教授了只要加入一点点不同的思考，就会使成果发生很大改变的思维方法。承蒙大家的厚爱，这本书销量超出 10 万册，直到现在，也有读者向我反馈"成果真的发生了巨大改观。"

大多数人的情况，并不是说一点工作成果都没有。

只要加入几秒钟的思考，就一定会使结果发生很大改观。

例如遇到了"Trouble"，在处理的时候，只要认真地问一下自己"这种方法真的可以解决这个问题吗？"，加入这一步骤，最后的解决方法和成果就会发生改变。

因为，并不是所有的思考程序最后都可以汇集起来为结果服务。

所以，事实是什么呢？那就是——在走向成果的道路上，一直有"无用的思考"在阻挠着你。

想得太多，也就是画蛇添足。

在本书中，我把这种行为称之为"无用的思考"。

这种"无用的思考"，跟开头提到的那些评价"你这种想法是画蛇添足啦"、"这跟我想的效果完全不一样嘛"、"相比花了这么长时间，最后做的也不怎么样呀"是有联系的。

▶假象上的"认为很好……"

本书的观点不是"加入思考"，而是"扔掉无用的思考"，是对进行工作时的具体处理方法做出说明。

只有扔掉妨碍成果出现的无用思考，才能体验到成果发生的改观。

你肯定也很想找出束缚住自己的那些"无用的思考"吧。

"无用的思考"的发端，其实是自己过度地发挥了自己的能力。

例如，提出假设的能力发挥过度的话，就会演变成"多疑"；决断力发挥过度的话，就会演变为"武断"。

假如，你在成衣店遇到一件自己喜欢的 T 恤。

T 恤上印着一个 ♥ 的标记，T 恤的整体设计、尺码、价格都合你心意，你唯独不喜欢那个标记。

最后，你还是把 T 恤放回货架了。

实际上，别人对你的评价和认可也跟这个很相似，自己头脑中仅有的一点"无用的思考"都会招致不满。而这些，都跟最后的晋升、提拔、年收入息息相关。

得不到认可和评价的人，大多都会接受"为什么我没有得到认可"的事实，然后继续做自己认为对的那些事，接着导致更多的无用思考，结果也是可想而知的。

就像刚才例举的带有 ♥ 标记的 T 恤一样，如果再在它上面画一个 ♥，那这件 T 恤会更难卖出吧。

人在得不到评价的时候，总是会想自己哪些方面做得不足，想要弥补。其实在做这些之前，重要的是应学会"舍弃"掉一些东西。

从思考自己的不足，改为思考自己哪些能力过度发挥了，摒弃掉这些多余的发挥，才是提高自己工作成效的方法。

▶成功的人,从来不"画蛇添足"

本书是专为下面的这些人写的:
- 思索之后进行工作,但是最后没有任何成果的人
- 意识到自己思维有固定模式的人
- 想知道自己在对方眼中是何种姿态的人

当然了,也希望"明明努力了却没有成果的人"、"不知道该怎样努力的人"都能阅读一下此书。

本书不同于以往的任何商业指导用书,所以刚开始阅读时,可能会有些许违和感。

但是,只要熬过这种感觉,就会发现不一样之处,也会对本书评价变高。我确信,这样的体验,确实值得你拥有。

本书中登场的有一位叫"黄金崎君"的人物,虽然工作上一直孜孜不倦,但就是没有任何成果。

他遭遇了很多事件和麻烦,正是因为思考过多,工作总是不能顺利进行。黄金崎君,实际上是我在各种研修场合中经常碰到的人的一个缩影。

黄金崎君的故事可以作为我们的反面教材,让我们一边思考"如何改进比较好",一边阅读,"无用的思考"的弊端就会很容易理解。

阅读过程中,你就会对照自己和黄金崎君,"我"跟"他"

之间是不是也有一样的时候呢？

这样，你就会遇到至今为止你所不知道的那个"你"。

本书中，一定有你不知道的"你"存在。

去发现吧，发现不用做无用的努力就可以完成任务的"正确的努力方法"吧。

不做无用的努力，关键点在于你头脑中"没有无用的思考。"

那么，让我们一起发现、学习能使工作顺利进行的秘诀吧！

鸟原隆志

第一章

请让思考
从发生断裂开始

第一章　请让思考从发生断裂开始

1 思考莫须有的东西，难以做出正确的决断

● 测试能否瞬间做出正确决断的"IN BASKET"

首先，从我工作用到的"IN BASKET"的说明开始。

"IN BASKET"是从二十世纪五十年代活用于美国空军的一种教育规制。

在商业和教育的实战中用到的教育理念、评价体系，好多都是从军队那里引进的。

而事实上，"TEST"这个单词，也是源于一战期间，在选拔优秀士兵时用到的制作体系中的规则。

或许会有好多人思考"为什么从军队中发源出那么多的教育规制？"

战争，是为了"打败对方"，背后还有更大的代价是"搭上身家性命"地"打败对方"。

所以，战场上的失败意味着死亡。决不允许判断上的任何失误，所以必须进行战前的教育和训练。

"IN BASKET"，据说是为了检测在教育中学到的知识和技能能否应用于实际战场并做出正确判断的一项规制。

● 造成人们判断失误的两个理由

"IN BASKET"，是在有限的时间中，作为能对多个案子进行准确判断、处理的一项商业技能，已经活用于日本的大多数企业中。

"在有限的时间内，如何做出正确的判断"，这不仅是战场中致胜的关键，也是商业战场中致胜的法宝。

不论是战场还是商场，迅速做出正确的判断是必要的。但是，发生在多数人身上的实际情况却是判断失误，甚至做不出判断。

为什么大多数人会这样呢？

原因之一是"不知道做出正确判断的方法"。

所以，以"IN BASKET"规制为基础，本书传授的是为做出这种正确判断的"思考方法"。

不能做出正确判断的原因之二是做了"画蛇添足式的思考"。

人们总是倾向于掌握新的思考方式和新技术。

我也是这样，每读一本书，都会寻求新知识和划时代的思考方式。

但是，别忘了，"停止现在正在做的事情"——这种行为也可以提高你判断的精确度，甚至还会让你收获更大的成果。

现在回想一下，我也经常会画蛇添足地想一些没用的东西，重蹈覆辙的事情也有很多。

把本可以简单化处理的事情想得过于复杂化，所以导致了失败。

你有没有过类似的经验呢？

试着回想一下。

好不容易掌握了新的思考方式，却只是被一些画蛇添足式的思考包围，最终这些思考使你本来应该获得的成果和报酬化为了乌有。

2 比起做"加法"，更难得的是学会做"减法"

● 作为企业管理者，要学会如何"舍得"

假设你现在要做几个判断：

① 购入一本新书
② 扩大现在拥有的书架
③ 扔掉不用的书

那你认为哪个判断是最难做出的呢？

1、2是"附加新东西进来的判断"，3是"把现在拥有的东西扔掉的判断"。

对于决策的类型，经过研究，多数人认为做出"舍弃的判断"困难最大，这种类型所占的比重最多。

我们把企业的经营称作"executive"，这个单词本身的意义就是"做出舍离判断的人"。

开始一项新的工作，这种判断是谁都可以做出的，而把已经从事的工作舍弃掉，这种判断却是一种难度很大的行为。

● 把思考简化，成果就会出现

那么，为什么做出"舍弃的判断"是必要的呢？

答案很简单。

要增加空余容量。

例如，体制上要求三个事务所做的工作，集中安排到两个事务所来做。

这便是一种舍离判断。

空出一个事务所的人才经费，省出来的部分就可以用来开拓、运转新的业务。

我们头脑中的思考也是如此。

一直想不断地尝试、开始新的事情，但是没有空出来的时间可用，也就无法迎接挑战。

要尝试新的东西，就要舍弃现有的东西。

也就是，在做出新尝试的判断之前，首先要做出的是舍弃哪些东西的判断。

停止行动，是需要勇气的一件事情。

特别是终止"思考"这种行动，肯定会产生一种不安感。

但是，为了改变最终的成果，必须先从扔掉那些对成果没有任何作用的无用思考开始。

如果你觉得"扔掉"这个词语听起来不习惯的话,那请使用这个短语吧,——"SIMPLE 化"。

对的,就是把思考简单化。

3 与其提高预期计划，不如首先达成预期

● 希望你没有做跟成果不相关的思考

或许有人会这么认为："让思考简化，就是终止正在思考的事情？"

请不要误解。

学会思考，是很重要的一件事。

但是，如果这种思考跟形成最终结果的行动没有任何关系的话，这种思考就是"无用的思考"。

也就是说，"思考"本身并不是美学，通过思考，达成结果，这才是思考的美学。

要做到这点，重中之重就是剔除无用的思考。

做无用思考的人，大多意识不到自己的思考是无用的。

参加过我研讨会的人，多数认为自己的想法是正确的，别人的想法都是"奇怪的想法"、"画蛇添足的想法"。

在我传授了如何做出正确的判断方法之后，大多数的参加者都开始认识到自身思想中无用部分的存在。

现在，就从我的失败经历开始说起。

我上个工作是在超市，负责卖精肉的摊位。刚开始的时候，我对这项工作跃跃欲试，干劲十足，总想着怎样才能提升销售业绩。

于是，我就在摊位上摆放了切好的各种大小肉块，像百货商店里售卖的特制肉丁（亲手制作腊肠用的）一样，都摆在了我负责的摊位上。

于是，销售成绩……，一下降到了谷底。

上司气冲冲地朝我说道："别给我添乱！真是画蛇添足！"

到卖场一看，顾客把我精心摆置的肉制品都翻到了一边，买的是普通的肉。

卖场中，因为我特意推销的肉占用了很大的空间，致使普通种类的肉食没有足够的空间进行售卖，引起了客户很大的不满。

● 没有满足基本的要素，即使添加附加价值也会毫无意义

越想尽快地出成果，就越容易贸然做出超出预期成果的思考，这样是不行的。

要想达成一般成果，就要先以满足对方期待的那个成果为目标。

那样会被赞扬么？

没关系。

至于为什么——因为在社会中，能做到"一般"，也就是能做到原期待成果的这种人非常少。

多数老板和管理层级别的经营者们都在期望一种人才，就是能做出"一般"成果的人才。

例如，电风扇。

比起有着各种高性能的附加效用、吹出凉风还要花费更多电力的高价商品，传统功能的电风扇，在卖场中始终属于售卖的中坚力量。

零售小商品业界，把这个称作"基本商品"。

当然，在基本技能的基础上再加上附加功能的话，也会博得更多人气。但是，如果连基本技能都不具备，附加再多的价值，也不会得到成功。

说到底，基本价值有了之后才能谈附加价值。

如果想要超越人们的期待值，首先要做的是"做出一般成果"，这点非常重要。

4 舍弃无用的思考，减少9成工作量

● 真正必须去做的工作是什么

我们要做的工作，大体可以分为以下四类：
① 重要度（高）+ 紧急度（高）
② 重要度（高）+ 紧急度（低）
③ 重要度（低）+ 紧急度（高）
④ 重要度（低）+ 紧急度（低）

那么，这四类之中，你认为最应该做的工作是哪一种？

或许，很多人会回答**重要度（高）+ 紧急度（高）**的工作。

真正要做的工作只有两成

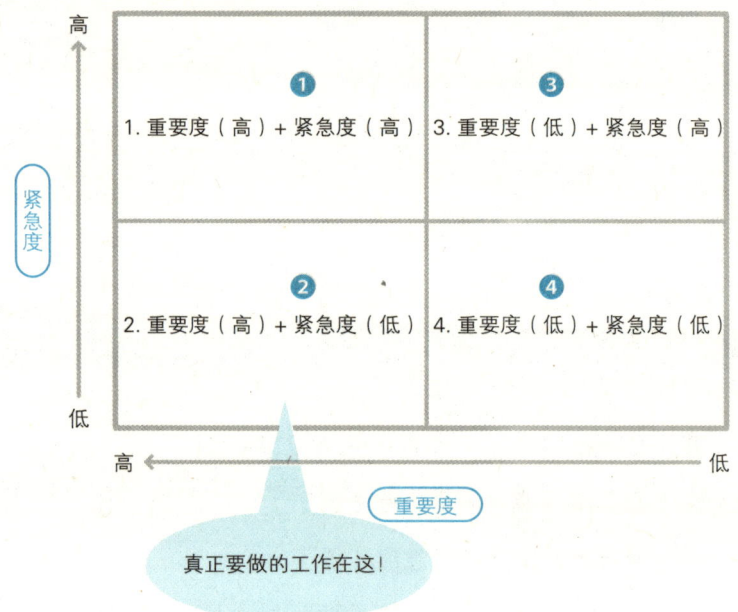

真正要做的工作在这!

但是,答案却是"**2.重要度(高)+紧急度(低)**"的工作。例如教育、计划、保养、维护等,都属于这一类的工作。

实际上,在①象限必须要应对的工作中,由无用的思考而引发的工作,已占了很大的比重。

比如,你早上起来,身体感觉很沉重,整个身体很不舒服。本来该采取的行动是"去医院",但是又想到"如果这时候休息的话,老板会降低对我的评价",在这种无用思考的指导下,你勉强地上了班，然后是身体条件更加恶化，为周围人造成更多困扰。类似这样的事情，在工作中也会发生。

所以，要想在工作中获得成果，②象限的工作即是本来需要并且必须要做的事。

但是，在某次研修班中，我让学员们把自己的工作按照"IN BASKET"的方式分为四个象限，发现第二象限的工作却只占到两成，剩下的工作都是由自己无用的思考引发而产生的。

多数人都会把自己的、要做的工作当成是"必做"的。

但是，当被问及"如果不做那些工作的话，会有怎样的损失发生呢？请做一个定量的回答"，多数人会哑口无言。为什么会这样，因为那样的一些工作是由无用的思考引发的，即使不做也不会有实质性的损失发生。

● "愿望"和"必须"的不同

我自己在进行工作的时候，经常会想到一个问题，就是"愿望"和"必须"的不同。

必须完成的工作本来就是要做的。但是，如果把工作分为"愿望"和"必须"两种的话，你会发现，多数会属于自己的愿望，即应意识到这些工作，多数是由自己无用的思考引发的。

实际上，我对多数人的"IN BASKET"的回答都评了分，即使这些回答在问卷回答栏里面写得满满的，写满了自己的想法（愿望），能得分的答案也少之又少，当然也有完全不能得分的答案。

5 比起切身"掌握要领"，更简单的做法是"舍断要领"

● 扔掉许久不用的那些思考吧

在我的**"IN BASKET"** 研究班中，并没有特意去教授新的思考方式或者传授崭新的理论。

因为我们所用到的**"IN BASKET"**，主要重视的是**"OUT-PUT"** 的研修规制。**"OUT-PUT"** 指的是"发挥所持有的能力，采取与成果相关的行动。"即使这样，多数的受讲者还是抱着学习新思考、新方法的目的来参加听讲。

有这么一个词——"研讨中毒"，确实有相当一部分的人认为"新的思考方式会直接产生成果"、"不经常吸收新知识的话，就不会取得成功"，我并不是要否定这些看法。

但是，事情的步骤本来应该是——在掌握新的技术和知识之前，首先要把掌握到的多余的东西扔掉——须从这一步开始。

做事的重中之重，不是说如何**"IN-PUT"**，而是如何

"OUT-PUT"。

● 不要选择"巧妙处理",而是选择"不去处理"

"OUT-PUT"指的是如何采取与成果相关的实际行动。这种行动中,就包括了"断绝现在正在做的事情"。

学习掌握新的事物,直到把它变为自身的一种习惯,这个过程要花费我们很多的精力。

但是,比起这个学习掌握的过程,断绝现在正在做的事情就要简单好多。

例如,你每天要花费很多时间在处理邮件上,为了能更有效率地处理这些邮件,你到书店买了一本《高效率处理邮件的99个秘诀》,熟读之后,逐一试用那些书中教授的秘诀。

这就是典型的"IN-PUT"型处理事务的方法。

其实,这件事有更简单的处理方法。

"所有的邮件都要一一处理"的想法——自己断绝掉就好。

"只处理有回信必要的邮件",这样就会使事情简化很多。

"所有的邮件都要一一回复"这种无用的思考,如果不能改变的话,即使你做到了效率化处理邮件这项工作,也改变不了你每天被邮件追着跑的生活。

第二章

你一直犯的错误
是过分使用自己掌握的本领

1 勤勤恳恳、恪尽职守，未必会使人满意

● 3 行就能写完的邮件，扩写成 20 行的能力

之所以会产生无用的思考，是因为你过分发挥了自己的能力。

例如，"发现问题的能力"、"分析问题的能力"、"创造力"，这些都是商业活动中所必要的能力。

这些能力发挥得好的话，就会直接产生好的成果。但是发挥过度的话，就会产生如下的一些弊端。

"发现问题的能力"：过度思考风险，不会采取任何行动，变成所谓的评论家一派。

"分析问题的能力"：质疑颇深，只会盯着图表数据看，不会睁眼看看现实情况。

"创造力"：梦想家。不遵守规则。

前几天，收到某人的一封邮件。

写得很认真的一封邮件，一眼看去，整个屏幕都是满满的

文字，数一下行数，足有20多行。其实，实质内容就一句话——

"请您阅读一下附件中的文件内容。"

也就是说，这个人拥有将3行内容扩展到20行的"文章创作力"。

当然了，站在对方的角度，把邮件内容写得尊敬、诚恳，确实很重要。如果就写一行"请您阅读一下附件中的文件内容"，难免会让人觉得索然无味，同时少了一些礼貌与尊重。

但是，如果过度发挥"文章创作力"的话，反而弄巧成拙，让对方难以理解。不管是对写邮件的人，还是读邮件的人，就成了一封没有任何作用的邮件。

所以，适度发挥自己的能力，是作为一名优秀的商务人士所必不可少的技能。

● 暴走行径，引起的弊害

在大学时代，和室友有过一次吵架事件。

他总是在那里剧烈地咳嗽，我问道："你没事吧？"，而后他朝我怒道："吵死了，多管闲事！"

我只是想关心一下他，身体有什么不舒服，没想到招致了这样的回应。

但是，现在冷静思考一下，就会发现，我其实是"过度发

第二章 你一直犯的错误是过分使用自己掌握的本领

挥了自己的能力，给对方带来了不愉快的感觉"。

我看到对方在剧烈地咳嗽，表情那么痛苦，立刻会有一些诸如"他是不是很不舒服？"、"真的没关系吗？"、"要不要倒杯水给他？"的想法。

对于长时间呆在一起的亲人或朋友，我们表以关心的问候往往会有很多遍，甚至不下数十遍。如果只是两到三次的话，他们或许还能认为是一种体贴和关心。

但就是因为过于关心、太想为对方着想，才会让我们容易产生多余的思考，反而给对方带来了烦扰。

在那之后，我便学会了——不能忘记对别人的关心和体贴，但是关心的问候也只限于一次而已。

能力，首先是要学会控制，然后再谈如何使用。

一遇到事情就暴走，完全不去发挥任何本领，这不能叫做能力。

无用的思考，是能力发挥过度所产生的思考。所以，不是说所有的思考都是多余的，只要把过度发挥的部分剔除出去，或者做出修正就好。

在做"IN BASKET"测试的时候，一味地过度发挥自己的能力，在这个过程中花费很多的时间，导致离最终的成果越来越远，这样的例子有很多。

比如，过度发挥了自己分析问题的能力，在分析上过于执拗，结果却完全做不出一个最终的判断。

能力，做到发挥适度，才是最理想的状态。

第二章 你一直犯的错误是过分使用自己掌握的本领

2 "扔掉什么"，请选择

● 能排出事情轻重缓急的人，总是更容易出成果

我们在前面有提到过"做出舍离判断"，事实上**"IN BASKET"**的最终要义就是"舍离"。

在做**"IN BASKET"**测试的时候，要求的是在有限的时间内处理尽可能多的案子，而参加这次研修的人中，有一半以上试图处理完所有的案子。

但是，当做完之后，最终评分的时候，那些试图完成所有案子的人，得分大多都是低的。

在一定时间内试图处理完所有的案子，做出的处理势必都是一些表面性的，判断也是性急之下做出的，最后的得分自然会很低。

所以，扔掉"完成所有工作"这样的思考模式吧。

27

"IN BASKET"研修班观察的正是你能否做出扔掉一部分案件的判断。

　　也就是，看你能否安排出事情的轻重缓急。

　　这是一项很难的判断，但是出成果的人，都是那些能排出事情的轻重缓急，根据排列的顺序处理事情的人。

● 必要的是，学会"不使用自己本领的本领"

　　打着要做完所有工作的算盘，最终却都半途而废……

　　你一定有过这样的经历吧？

　　而最近的我，比起接手的工作，拒绝的工作更多一些。

　　你会觉得我是在偷懒，但是如果不做出取舍，所有的工作都接手的话，事情是不能顺利进行下去的。

　　能力也是一样。

　　现在有必要具备的能力就是——"有能力也不用的能力"。

　　也许，你有着"深入分析问题"的能力、"所有的事情都要自己亲力亲为"的当事者意识，而企业的经营者们寻求的却是让这些能力都不过度使用的能力。

　　尤其要注意的是，影响自己做出"舍离判断"的是——一直死死抱着"某事必须要做"的信念。

　　"所有的事情都不做不可。"

第二章　你一直犯的错误是过分使用自己掌握的本领

"还需要再多收集一些信息。"

这样的信念会诱发你过度使用自己的能力。

如果你持有这样的信念的话，会使你最终的成果化为泡影。

"某事必须要做"，你是否有这样的强迫症呢？自己检查一下吧。

3 "各方面因素都到位之后……", 这种慎重想法只会使机会流失

● "如果再多给点儿时间的话就完成了", 这样的话,你讲过吗

谈及晋升这件事,也是根据每个人的不同而有快慢之分。

有些人同期入职,得到的评价却褒贬不一。

也有些人,始终不被同事信赖。

相信很多人,都有上述困扰。

那怎样消除这类困扰,使一个人的晋升之道更加顺利呢?

"周围的人都怀有恶意。"

"现在这样的自己就很好。"

"总有一天,我会得到大家认可的。"

只抱着这样的想法、脱离眼前境况的人,会一直得不到提升,就这样度过晦暗的职场生涯。

另外,认为"总会有办法的",并采取了行动的人,肯定

会有好的变化等着他。

那么,想要让事情发生一些好的变化,比起要"跟进"什么,首先要做的是——学会"放弃"什么。

在做企业研修的过程中,当看到某位受讲者的**"IN BASKET"**的答卷,我震惊了。

因为他的答卷,等于没写任何东西在上面。

我找到那位受讲者,询问他理由,他说道:"为处理案件,要把所有的信息都输入大脑,从开始读到结尾,然后再做出理解,消化掉整个内容,做好这些事,到最后使大环境都顺利起来的时候,却没时间了。"

不管你理解得有多么深入,一个测试中,如果不写任何答案上去,是没有人能给你评分的。

可惜的是,根据研修结果,他就这样白白葬送了公司内部一次晋升的机会。

如果他因此而获得晋升的话,年收入至少会增加两成以上。

最后,他后悔道:"如果再多给点时间就好了。"

即使再怎么妄想,也是不可能合格了。

在有限的时间里,"对全局有了具体的把握了解之后再如何如何",这样的想法本身就是一种无用的思考。

要出成果,首先要扔掉的就是这种想法。

第二章　你一直犯的错误是过分使用自己掌握的本领

● 那些负面的指责，教会你舍弃不必要的思考

有一些人，会经常被周围人指责"你的思考模式中有一种惯式"、"你想得太过于深入"，这样的人肯定是做了无用的思考，然后给工作带来了不好的影响。

如果你被周围人这么指责过，那说明事态的严重性已经到达了一定的程度。

因为通常情况下，即使别人心中认为"这个人想法总是怪怪的"，只要没有出现大的纰漏，是不会主动"指责对方"的。

对于自己的行动，如果"对方的脸色不太对劲"、"委婉地对我表达了不满"这些前兆出现，就不得不多加注意了。

面对这些负面的指责和不愉快的前兆，自己的气儿难免会有不顺。

但是，这些指责，或许就是你增加年收入的"魔法语言"。

带着微笑，接受这些负面的评价吧。然后，用几秒钟，摒除自己无用的思考。

其实，即使对自己十分亲密的人，我们都会有"如果他能把这点儿改改就好了"的想法。同样，他们也会期望你发生一些改变，哪怕是一小部分。

或许，这部分正是你一直在做着的、认为是"正确"的部分。

所以，从现在开始，为帮助你发现自己应该做出改动的部分，让我们进入下一篇章吧。

第三章

只用5秒钟，立见成效→"断舍离"

从这一章开始，我们就渐渐进入实践篇了。

实践"IN BASKET"规制的要点是：行动前的5秒钟，扔掉无用的思考。

让我们随着初级·中级·高级的逐步进阶，让自己的工作变轻松吧！

这一章中，会介绍并讲述——实际工作中遇到何种情形，只用5秒舍弃无用的思考就可以出成效的关键点。

主人公是任职于"APREL制造"之"FLOWER制衣"，29岁的黄金崎。

主要负责T恤生产部署的黄金崎君，工作上一直很努力，却总是不能心想事成。

原因就是，他一直被无用的思考困扰。本来越思考事情，结果应该越好，可是到了最后，他却都以失败而告终。

接下来，就让我们看看，黄金崎君上演的一幕幕"为什么事情会变成这样呢？"的叹气场面，究竟是怎样发生的。

现在，请做角色代入式阅读，想想如果自己就是黄金崎君，会怎样做？

初级进阶

1 深思力

2 风险管理力

3 人脉力

4 问题发现力

5 组织活用的能力

6 目标达成力

7 利益追求力

8 顾全大局的能力

START

1 深思力

"大家会怎么想这件事呢"
→ 扔掉

小剧场 "我都用了一个多小时来制作了，为什么最后会变成这样呢？"

"哎，黄金崎，给大塚制衣的坂口君发去订货的单子了没？"上司土井经理用催促的口吻对黄金崎君说道。

黄金崎盯着电脑回答："我正在给邮件中添加附件，马上就会发出的。"

"什——么——！还没发过去吗？！现在很着急，不管你是用传真，还是什么，尽快发过去！"

"知道了。"

黄金崎君这样回答之后，土井经理脸上仍然是一副着急的表情，回到了自己的座位上。

（10分钟后）

黄金崎君一边盯着电脑，一边皱起眉头思考起来。

土井经理好像是注意到他的手不动了,就朝黄金崎的位子走来。

"黄金崎,你在忙什么呢?我不是说了不尽快发送是不行的吗?"

黄金崎君这才把眼睛从电脑上移开,看着土井经理说道:"不是啊,经理。这毕竟是发往公司外部的邮件,不能就这么匆匆忙忙地发过去,怎么也要写成个商业文书的样子啊!"

土井经理瞪着黄金崎说道:'大塚制衣'不是跟我们一直都有业务往来吗?发送一个每天交易都会用到的订单,需要拘泥于形式吗?直接发送不就行了嘛!"

"这样总觉得交涉结果会不好呢。题目上为了能让对方立刻看明白也要多下功夫,如果不这样的话……"

土井经理已经一脸厌烦,"好了好了,黄金崎,把订单给我,我直接传真过去好了!"

"这样啊?好吧。那我制作一个传真用的带有公司抬头的信纸吧。"

经理难以忍受地摇了摇头,在订单上写了2到3行的文字,"够了够了,要做这样的一个信纸你又会花费一小时的工夫吧!"

经理一边这样说着,一边去发传真了。黄金崎君一边点击着邮件"不保存"的按钮,一边小声抱怨,"我都用了一个多小时来制作了,为什么最后会变成这样呢?"

第三章　只用5秒钟，立见成效→"断舍离"

❖ **即使内容很精彩，如果过了那个期限，也是没有任何意义的**

我看过公司收来的一些简历。

一直想招聘新员工的我看了之后，不禁发出"怎么又是这样……"的叹息。

必填项如最低学历、住所等是写上了，而机动栏和备注栏中，却是什么都没写。

这些个人信息部分，虽然每项都有填写，但是从用人方的角度出发，"最想看到的是什么呢？"

最近，我发现不会写简历的人在增多，我问经常去的一家餐馆的店长，他一脸无奈地笑着说道："是啊，还在增长的样子，投到店里来的简历，一半以上是连照片都没有贴的。"

投递一份简历，目的不是填完就成了，而是让公司了解到并判断出，你是否可以为进入面试做准备。

所以，每次我一看到这类简历，都会想"要是能在目的达成上多思考一下就好了。"

但是，比起这个，还有更差劲的事例，那就是不遵守交付期限。

过期之后才交付过来的简历，每每打开阅读的时候，我的心情都会很沉重。

至于原因，"遵守时限"这一点，是对一个社会人最低的要求吧。

我也会想，一定是有什么原因导致他交付晚了吧。可能是一遍又一遍地修改自己的简历，或者花功夫去向谁请教了。

但是，如果一味地拘泥于体裁，导致原本的目的没有达成，也是没有任何意义的。

❖ **要把时间和精力花费在哪里呢？这是由成果决定的**

有很多作者，写完一本书，需要出版的时候，会很在意书的封皮。对于印在封皮上的题目，却并不在意。而一本书，是否畅销，很大程度上却是取决于题目是否吸引人。

所以，书的封皮和题目往往是由出版方来考虑并决定的，尽管有时候，会与作者想的大相径庭。

当双方意见不能统一的时候，就需要花很多的时间做协商，围绕一个词或者一个字，讨论很久。

其实，之后自我反省一下，会觉得作为作者，好像本末倒置了，与其拘泥于书的包装，不如在内容书写上多下功夫。

一个人的时间和精力，都是有限的。你的时间和精力所花费的地方不同，最后的结果也就不同。

如果把精力放在错误的地方，是不会结出果实的。

最后，也只是一种"无用的思考"而已。

❖ 拘泥于体裁，充其量是在追求一种"自我满足"

在形式上下太多功夫的话，就会把原本要完成的工作荒废掉。

在邮件的体裁上花费过多的时间，内容上晦涩难懂，不能正确传达信息，或者直接忘记添加附件，这样的邮件名字起得再好，也是没用的。

如果只顾表面上的需要，而脱离了自己感兴趣的领域，满足也就无从谈起。工作中，只有带着真正的喜爱，才会更加轻松地去做事。

"IN BASKET"的规制中，有一项"Human Skill"（人际关系能力），也就是"站在对方角度为对方思考"，很受大家欢迎。但是，如果只追求人际关系先行的话，最终要传达的内容却没有正确传达，这样的本末倒置，也会给对方造成困扰。

重要的是内容，而不是形式。

不要过于拘泥于形式，请把力量注入到最重要的实质内容中去吧。跳出自己圈定的形式，把时间都还原到最重要的内容上去吧。

在箱子和包装袋上花费过多成本，价格升高的T恤。

◐ 缩短决定邮件名字的时间

邮件的名字，主要是告诉对方邮件的大概内容，追求的是简单、明了、易懂。比起题目，更重要的是邮件的正文内容。

请把想题目的时间缩短为原来的一半吧。

◐ 用自己的语言书写明信片

"请写个明信片寄过来吧。"

这样被要求的时候，多数人会选择在电脑上搜索"明信片书写方式"，多是搜索明信片上必写的"季节性问候语"。

请拿出勇气，写一封不拘泥于固定格式的明信片给自己的知己或者客户吧。用一句话把自己的感情在明信片上表达出来。

就像"谢谢"、"很高兴"这样的简单语言也可以。让人意外的是，不写固定格式的八股文，会让对方感到自己想要表达的感情更真实。

第三章　只用5秒钟，立见成效→"断舍离"

2　风险管理力

"这样真的万无一失吗？"
　　　　　　→扔掉

小剧场　"我只是想再确认一下申请上去是没有问题的，为什么事情就变成这样了呢？"

"好厉害！竟然能拿到动画《夏目友人帐》的主角使用权！真是非常了不起呢！"

休息室中，作为后辈的绿川君一边啜着咖啡一边对黄金崎君说着。

"是啊，不管怎样，总算定下了今夏的热销商品，真好啊！"

"这样不是很好嘛。一定会大卖的。我也很喜欢哟，这可是正在热播的动漫呢。"

"但是，开始的时候我犹豫了呢。因为要花费很多的用料在上面，所以和土井经理他们商谈了有一个多月呢。这之后，就会正式进入申请阶段了。"

就在绿川君好奇地打量着黄金崎君手中那件T恤的时候，同事芳川小姐也走到跟前看到了，"哎呀，这不是夏目君吗，动漫中看他的感觉蛮恐怖的呢。"

"啊？什、什么？"黄金崎君的脸色立刻变了。

芳川小姐接着说道："你忘了啊，三年前的时候，也是制作了好多'吸血鬼'的T恤，刚打入市场就被新系列的产品替代了，受了很大处分呢。"

听到这话的绿川君也突然改变口吻，不安地说道："是的呢，那之后的情况很糟糕。我觉得采用夏目贵志的角色来作为T恤的图案，就像一场赌博呢。"

"是吗？！"黄金崎君抱着双臂，思虑重重地走了出去。

（第二天）

土井经理问黄金崎君："黄金崎，上次说好的，关于夏目君的使用申请完成没？"

"啊，那个案子，现在还需要做进一步的研讨呢。"

"你说什么呢？都现在了，还有什么好研讨的。这不是会议上已经定下来的事嘛！"

"不是，我觉得对这个角色，还需要做进一步的观察和了解，比较稳妥……"

"你在开什么玩笑？那我们是为了什么开会开了一个月？关于这个项目的风险，不是已经商讨得够明确了吗？好，够了够了，我来做！"

> 这样说着，土井经理返回到了自己的座位上。
>
> 黄金崎君一脸失落的表情，嘴里默念着："我只是想再确认一下申请上去是没有问题的,为什么事情就变成这样了呢？"

❖ "真的万无一失吗"这种思考，一次足矣

有一次，我登上了"天空树"。

展望室中有个地方是透明的，一踩上那里，心就会咚咚地跳。

"不会突然破裂吧？"

"真的没有危险吗？"

当然，它的设计肯定是不会让人掉下去的。可是，即使万无一失，心中还是会有很大的不安，一些瞬间的担忧，无用的思考就会涌现出来。

的确，世间不存在"万无一失"的东西。

不管做什么事，都会有风险存在。

问题就在于，如何对风险做出判断和评估。

所以，"是否万无一失"在"IN BASKET"中，即是必做的一个要点环节。

"真的万无一失？"提出这个问题，然后收集信息，根据收集到的信息来思考对策，最后做出判断，这就是"IN

BASKET"式的判断方法。

但是，有很多人的情况是这样的：提出假设，搜集信息，然后又提出了假设，陷入一种完全不能推动事情向前发展的不良循环。

这是想完全消除风险的一种慎重表现。但是，正如前面登顶天空树，踩在透明部分时，心中出现的那些想法儿一样，一直都在最终目标实现之前反复地做着无用的思考，结果就是迈不出下一步，做不出成果。

❖ 很难积极管理风险

这里谈论一下关于风险的思考方式。关于风险，过多思考还是过少思考，带来的最终判断肯定是不同的。

过少思考风险的人，会无根据地想"或许是没有问题的"，这就算是"深入思考"了。

公司都期望企业的管理层能在得到信息很少的情况下，思考到最大的风险，然后迅速做出判断。

而另一方面，过多地思考风险，就会在思考的过程中难以避免地滋生出别的风险。

"这个错误或许会导致公司破产"、"飞机有随时坠落的风险，所以还是不要乘坐了"，等等。这些都是把风险扩大化了，所以滋生出了别的风险。

风险，是"明日之花"，很难积极地把控。不冒一定的风险，就难以获得成果，机会就会偷偷地溜走。

实际上，我跟黄金崎君有着一样的习惯。

一旦决定好的事情，在听到别人不同意见后，立刻就会对自己的决定再次怀疑。

已经是按照程式决定好的事情，也会在一瞬间颠覆自己做出的所有判断，这也是一种无用的思考。

前几天，我想买一个剃须刀，于是走进一家小家电商店。之前在网络上，我已经做过了解，也已经决定好了要买哪款产品。

到卖场之后，拿到那款产品，这时店员拿着别家制造商的产品来向我介绍。

在听完他的推荐和说明之后，我最终选择了他介绍的产品。

但是，当店员笑眯眯地帮我结完账，走过来的时候，我看到他的夹克衫背后印着这款产品制造商的LOGO。也就是说，这个店员向我推销的是自家的产品，所以说得天花乱坠也不为过。

之后，过了一段时间，我后悔了，发现还是买最初自己选好的那款产品才对。

所以，只要是按照固定程式做出的最终判决，只要大环境没有发生变化,即使你会不断地思考"真的万无一失吗?",也要沿着自己已经做出的决定去实行。

十分认真地做出了判断,到了执行期的时候,又踌躇不前,无视程式,最后就会变成错误的决断。

第三章　只用 5 秒钟，立见成效 → "断舍离"

卖不出的
T恤

到底卖不卖得动？心中一直抱着这样的不安，只能压在货仓的 T 恤。

- ○ "谢谢，我会作为参考的。"请把这句话变为自己的口头禅吧

容易受周围人话语的影响而使自己做出的决定泡汤的人，请说出"谢谢，我会作为参考的"，以此来守护自己的原本决定。

这种说法，至少会让对方感觉到被尊重，就算之后意见没有被听取，相互之间也不会产生摩擦。

- ○ 一旦决定，就立即行动

从自己做出决定后，到最后行动前，定一个期限。

没有立即执行决定的人，会忽视掉时间，不在意是过了十分钟还是过了一小时。在这个过程上加个期限，就会在"真的万无一失吗？"这类问题出现时，没有顾虑地执行下去了。

3　人脉力

"人脉的'数量'"
　　　　　→ 扔掉

小剧场　"我只是告诉他们要注意积攒人脉，为什么事情就变成这样了呢？"

"哎？黄金崎君，今天走这么早啊？"绿川君对着急急忙忙准备下班的黄金崎说到。

"是呀，今天是不同行业交流会。对了，别忘了把名片带去啊。"

"哇，那么多名片都要带去啊，准备都分发出去吗？"

"只有100张左右啦，也就是说我将会有100个人脉关系。"

"也就是说，分发出去的100个人再跟周围的人介绍一下的话，认识您的人就有可能变成1000个呢，好厉害啊！"

绿川君这么不加深思地一说，黄金崎君一脸自豪地回答："是啊，人脉的多少就代表能量的多少，绿川君你从现在开始也要注意积攒人脉啊，我的脸书上已经有5000的点击量了。"

就在他们聊着的时候，土井经理走了过来，"黄金崎，今晚有空吗，一起喝一杯怎么样？"

"经理，不好意思，今晚已经有约了。"

"啊，还真是不凑巧，那明晚怎么样？我知道一家很好的店。"

"明晚要去参加一个全国牛乳爱好者协会的聚餐呢。"

"那周三晚上怎么样？周四也行啊。"

"周三是一个儒学交流会，周四的话，要参加读书会呢。"

"你好忙啊。看来是都不方便呢。那，绿川君，你方便吗？"

绿川君像听到风声的小鸟一样，立刻点着头说道："啊，谢谢、谢谢，当然方便了。经理，我一定去。黄金崎君空出时间好难啊。"

"什么啊，绿川君，你是站着说话不腰疼，如果不抓紧积攒人脉的话，会后悔的哦。"

这么说着，等黄金崎君再向绿川君的方向望去时，已不见了他的身影。

"哎？"

这时，土井经理已经带着绿川君和几个职员走出办公室了。

留下黄金崎一个人，呆愣愣地站在那里，发出一声叹息。

"我只是告诉他们要注意积攒人脉，为什么事情就变成这样了呢？"

❖ "认识多少人"并不代表自己有多少价值

结交许多人,并建立联系,是商业活动中资本转化的一种重要方式。

这是我在辞掉工作后,深有体会的一点。我们可以通过介绍,进行公关,结交到人,联系到业务。

但是,我也认识到更重要的一点,就是和那么多数量的人物保持联系,并不是重中之重。

如果把"商业"比作一架飞机,那么"人脉"就是这架飞机的滑行道。然后,飞了很久,着陆时的人脉关系还会起到助力的作用,商业活动也会因此变得更加膨胀。

人脉,可以说是商业活动获得成功,必不可少的因素。

但是,是不是所有的人脉都会起到作用,事实并非如此,也有起到反作用的人脉。

比如,那些因被推销而产生的人脉所带来的困扰,我们都有体会。

不过,我们遇到的人,没有好坏之分,遇到什么人不重要。

重要的是——自己最终想要拥有什么样的人脉关系,要把什么样的人脉放在首位,要分清什么人给一张名片就好,什么人值得结交。

所以,人脉的好坏,不在于**"数量"**,而在于往后的联系中,能立刻给出回应的人有多少。

可以结交人脉的机会有很多，但是，在认识之后，如果没有继续联系，就不能称之为真正的人脉。

所以，寻求邂逅，参加各种聚会，各种不同行业的交流会，结交程度只存在于互换名片上，这样的人脉构筑是没有任何意义的。

❖ 人脉是一种"GIVE&TAKE"的模式

在我看来，人脉是一种"GIVE"占得比重更多的模式。

见了面，就不断索要各种信息的人，只递交给这样的人一张名片就好，对后期的联系不要抱有任何期待。

比起"结交新朋友"，更重要的是"维护旧相识"。

我基本上不参加结交程度只是点头之交的聚会。

与其说我对这种场合很不擅长，不如说我更喜欢自然积累的人脉关系。

比如说，你要出版一本书。

假设这书是一本只有对你很痴迷的人才会买的小册子，你认为会有多少人来买这本书呢？

就像我出第一本书的时候，"亲人、朋友都算上，一共才卖出去十本。"

现在，把问题变一下。

如果在你的书上，加上名人的推荐文呢？

但是，你并不认识这位名人，你想通过谁来介绍这位名人，又有几个人可以作为中间人为你引荐呢？

回答出这两个问题，涉及到的人和人数就是你的人脉力。

也就是说，不是无可进展的关系，而是可以依赖的关系。当然了，你也得是对方可以依赖的对象，这是关系的前提，这才是有效人脉。

这里，想让你思考的问题是——"必须重视起来的联系是哪些？"

"认识新的人吗？"

不是。请不要忽视那些很久以前就围绕在你身边，为你做过很多事情，很重要的人。

比如，在学生时代对自己恩重如山的老师，工作之后一直对自己照顾有加的上司，想到他们，你会做哪些事呢？

写一封近况报告或者寄出一封明信片，予以问候吧。

前文中有提到过，"GIVE&TAKE"的模式，你要付出的不仅仅是时间和金钱。你身上存在的关系，对对方来说也是一种价值。

理解一下人脉的真正含义，做出正确的人脉建设。

绝对不要只停留在让自己感到满足的人脉关系上。

卖不出的T恤

出厂后才发现,没有印上商标的T恤。

○ 两年以上没有联系的名片就扔掉吧

两年以上都没有联系过的名片,就从名片夹中清理出去吧。不论怎样都难以认为这类名片还能立刻派上用场,而且时过两年多,对方换掉工作或者升迁的可能性也极高,实在是没有任何留存的价值。

○ 与其寻求"新交往",不如发掘"旧联系"中的能量

暂时告别新的交往一段时期吧,去巩固你以前就有的人际关系。

对每年都会寄出明信片的人打个电话,报告一下自己的近况也是不错的方法。

4　问题发现力

"成本思考的错误"
　　　　　　→ 扔掉

小剧场　"我认为，这是最不花费人力，也最省成本的方法了。"

　　黄金崎工作的**"FLOWER制衣"**，会在每年举办一次的全国成衣制造商展览会上设置一个展示摊位。

　　今天，需要专门为这个展示会开一个会议。

　　"也就是说，我们公司今年主打的T恤是动物系列，预算相对去年来说更加紧张，所以要在成本上多控制一下。"

　　这样说完，土井经理抱住双臂陷入沉思中。

　　看到这幅情景，田中君举手发表自己的意见："每年都要外包出去的宣传海报，就由我们亲手制作，怎么样？"

　　所有成员都点头赞成的时候，黄金崎君摇着头说道："但是，如果那样的话，要花费很多工夫的，会很累的。"

　　大家听完之后，都转过脸面面相觑。

接着，坐在田中君斜对面的铃木君发言说道："那么，我们大家都穿上公司各种系列的T恤，然后走上街头招呼大家吧。"

同事们连声赞同说好。黄金崎却一脸严肃地说道："不行不行，一天这么干下来，嗓子得干成什么样子啊，肯定也会影响第二天的工作的。累得不成样子，不行的。"

接着，坐在铃木君旁边的本田君站起来说道："好吧，索性，我们从公司带去人体模型的模特，穿上公司动物系列的T恤，这个主意怎么样？"

于是，黄金崎一脸不耐烦的样子说道："啊，那个，根本也是行不通的嘛，光是用车运送那些人体模型就很麻烦了，还要来回运送好几次，等展会完毕往回撤的时候，不得累断骨头啊？"

遭到反对的本田君，带着稍微气愤的表情对黄金崎说道："那黄金崎君，你有什么好的想法呢？"

"嗯，在一张长桌上放上我们的产品宣传册，然后再摆上我们的产品。我认为，这是最不花费人力，也最省成本的方法了。"

听完这话，一直抱着双臂的经理气冲冲地站了起来，指着门口说道："黄金崎，差不多够了啊，我在别的会议室还有会呢！"

望着走出会议室的经理，黄金崎很是困惑，"啊，我说错什么了吗？为什么会变成这样啊？"

❖ 错误地削减成本，利益也会跟着缩水

以前我在超市工作的时候，学到了很多关于零售行业的规则。其中有关价格竞争的部分，给我留下了深刻的印象。

像超市这种实体，会有很多竞争对手，价格战打得相当激烈。

身为一个小零售业，怎样比竞争对手低 1 日元，这种在成本上需要绞尽脑汁的事，往往关系着企业的存亡。

照明也要尽可能地降低瓦数，各类消耗品也要节省着使用。

真的是为降低成本而无所不用其极了。

但是，也有店员，错误地理解了降低成本的意义。

某个店铺的鲜鱼部负责人，以降低成本的名义，突然禁止了一种叫做"地鱼"的进货。

问其理由，"按照客人的要求来腌制地鱼的话，真的很费工夫。"

地鱼是一种根据季节和气温的不同，捕获的种类也不一样的鱼类，而且大小不同，腌制的方法也不一样。

所以，他就决定不进这种腌制起来既费时又费力的地鱼，选择上架一些容易腌制的鱼类。

在这位鲜鱼部负责人的指导下，这种错误的降低成本的行动就这样开始了。接着有一种叫"丸鱼"的需要腌制的鱼类也

被削减掉了，慢慢地就变成了只进一些鱼干和开膛好的鱼类。

以客户的角度来看，地鱼和丸鱼的进货减少，也就意味着这家店的鱼货品质不能算为上乘。

于是，我就对鲜鱼部的负责人说道："这样不太好吧。"

却得到了这样的回答，"但是要那么累地准备啊。"

结果正如预料的那样，客人的数量减少，利益也慢慢减少了。

这即是错误的削减成本，为整个店铺带来了不利的影响。

为什么会发生这样的错误呢？

那是因为他们"把自己的劳累算入了成本"。

实际上，虽然减少了地鱼和丸鱼的供货量，但在鲜鱼部工作的人员没有减少，所以公司的运营成本并没有减少。另一方面，本来应该有的工作和一些会产生附加价值的工作，因此而怠慢了，也就造成了营业额的整体下滑。

❖ 花费功夫不一定都会吃亏

在"IN BASKET"中，能够发现不对的地方的能力叫做"问题发现力"。

但是，鲜鱼部门削减成本的行为，是在问题的着眼点上有了间隙。

那么，本来应该怎样思考呢？

"自己疲累就是成本"这种无用的思考需要舍弃。

应该深思的问题是——"自己具备的力量要分配到什么地方。"

也就是"选择和集中"的问题。

如果在所有的事情中注入同样的力量，就会疲于一直都没成果。所以，在会出成果的部分，集中自己的力量和时间，把疲累转化为成果，这种想法是很有必要的。

在鲜鱼卖场的事例中，工作的人数是一定的，当客人"想要腌制的鱼"这种要求多的时候，就可以使用兑换券，避开腌制作业的高峰，让顾客先购买别的鱼类产品。然后，预测全部的工作进度，在客人购买之前，集中进行腌制，这不失为一个好的解决办法。

把成果二分化，优先考虑"如何使自己的劳动力减半"，这样的方法在商业的经营中并不是通用的。

或许，在一般职员看来，花费多少劳力，薪水都不会发生变化。

但是，作为管理的话，必须考虑如何使用自己拥有的能力。

所以，最重要的思考是——"自己拥有的能力和力量，花费在什么上面，如何花费，才能最有效地获得想要的成果。"

断舍离工作术
舍弃思维 5 秒钟，9 成工作变轻松

为省去陈列的工夫，放在纸箱中不拿出来的 T 恤。

○ 再多花一层工夫吧

"花费了工夫，成果就会出现。"请认真地感受这个真理吧。

如果花费了很多工夫，成果也没有发生变化，那么就放弃好了。

邮件的正文、名片的交换方法、企划书的书写方法……
从自己可以涉及的工作开始吧。

○ 从计算卡路里开始

不要选择不消耗卡路里的工作，而要选择需要花费工夫，消耗能量的工作。

客户们都喜欢将钱花在下过工夫的东西上。

所以，消耗了卡路里的就是卖点。

5　组织活用的能力

"与对方休戚相关"　　→ 扔掉

小剧场　"不知道，我以为经理已经记下了关于 B 公司的所有要点。"

　　土井经理和黄金崎君结束了在 A 公司的商谈，乘坐出租车到达了 B 公司的客户那里。

　　"黄金崎君，真没想到，你这么擅长向对方介绍产品，多亏了你，事情才进展得这么顺利。"

　　"经理，您怎么能说没想到呢。不过，事情进行得这么顺利，真是太好了。"黄金崎君笑眯眯地回答。

　　这时，经理拿出了记事本，"黄金崎，再跟你确认一下，和 A 公司下一次的商谈是在 24 号的下午 1 点，是吧？"

　　"嗯，大概就是那个时间。"

　　"大概是什么意思呢，你不是这个商谈的主要负责人吗？"

　　"是这样的，经理，您不是已经在本子上做了记录吗？放心吧。"

"混蛋！我是做了商谈内容的笔记，关于下一次的商谈时间我并没有记录啊！"

看到经理的脸色大变，黄金崎君立马冷静地回应："这样啊，那我随后打电话询问一下对方吧，对方肯定有做记录的。"

"啊？你在说什么呢？"经理已是一脸的不耐烦。这时，出租车司机开口问："马上就到饭田桥了，我把车停在哪儿比较好呢？"

看着没有想要做出回答的黄金崎，经理很纳闷，"黄金崎，不会吧，难道你不知道B公司的具体地址吗？"

"不知道，我以为经理已经记下了关于B公司的所有要点。"

"什、什么？你在想什么呢，怎么蠢到这种地步？！"

"哎，为什么事情会变成这样呢？"

❖ **过于依赖别人，会丧失自己的思考力**

完成一项工作，不可能仅靠一人之力，而是需要与周围的人合作，共同向目标迈进。换句话说，我们大家都是在一种"依赖关系"中进行工作。这里所说的依赖，并不单指对人的依赖。包括E-mail等交流联系媒介、定时闹钟、四通八达的交通等，都是我们依赖的工具。我们是依赖着各种各样的工具

第三章　只用 5 秒钟，立见成效→"断舍离"

和技术才得以工作和生活的。

我是在辞了某家大公司的职位，创办了自己的公司之后，才深切感受到依存于组织的重要性。因为，从公司企划案的制作，到申请书的书写，到公司的进帐、出帐等，这些工作都落在了我一个人身上。

我们有时也会产生一种错觉，感觉工作是由自己一个人完成的。实际上，我们的工作确实是在依赖关系中，获得各种帮助之后，才得以进行的。

但是，如果依赖过了一定的度，自己就会丧失思考、质疑的能力。

在我供职的上一家企业，当我上交了自己的企划书之后，企业的责任人却提出了"与总计金额不符"的指责。计算使用的一款软件，一直在用，是不会出错的，我很确定。但是为确保万无一失，我又用计算机计算了一遍，发现的确是自己错了。由于过度依赖那款计算软件，没有借助其他工具进行再次确认，而导致了企划书上报数据的错误。

还有这样一件事。

以前买过东西的一家网店，突然给我发来一封邮件，显示"商品已配送"。而我记得最近并未进行任何网购，惊讶之余，就打去电话询问。结果，得到卖家这样的回答："我们所有的订单都是在电脑系统上完成的，所以不会出错。是不是您的朋友用您的帐号买了什么东西呢？"

我挂掉电话之后,又再次确认。这时,这家店发来了另一封邮件,"由于系统故障,向所有在本店有过购买纪录的顾客发出了错误的邮件……",这就是对电脑系统过度依赖而引发的失误。

❖ "切断依赖"的风险

你依赖着什么,依赖于哪部分,就会有相关的风险与之同在,特别是"自己不做、自己也做不了"的那部分。

当某位部门负责人因为生病休假,工作因此不能进行下去的时候,我才意识到"切断了与部门负责人的联系"。

如果没有认识到"切断依赖"的风险,就容易走向依存于别人的道路。

在"IN BASKET"中,运用组织能力的"组织活用能力"和将自己作为主体与他人配合的"主人公意识能力",是存在于对角线上的关系。

"切断依存"和"无论何事都亲力亲为",两者应该保持均衡,这是非常重要的。

依赖他人是需要的,但并不是说"任何事都要交付出去"。

注意,"依赖"这种行为,会生出骄纵。

认识到骄纵的滋生是很重要的。

第三章 只用5秒钟,立见成效→"断舍离"

"自己应该做什么呢?"

"本来应该自己做的事,有没有交给别人做呢?"

如果没有这些意识的话,不反问自己依赖了哪些东西,就会很容易陷入困境,导致失败。

断舍离工作术
舍弃思维 5 秒钟，9 成工作变轻松

卖不出的
T恤

"会有人把货从仓库里拿出来吧"，都这么想，只会一直呆在仓库里的T恤。

○ "只有自己"，请这样意识问题吧

当你参加若干人的商谈或会议，请这样思考："这个场合只有我自己一个人"。

"如果自己漏听了什么，会造成很大损失的。"

意识到这一点，就会有危机感地投入到工作中去。

○ 任务分配要事先确认好

分配任务的时候，要在任务进行前就确定好。如果不做确认，你只抱着"随意做一做"的想法，对方也会这么想，那最后就成了没有人做的工作。

双方之间，只要直接协商一下，打好招呼，就完全可以避免这样的事情发生。

第三章 只用5秒钟，立见成效→"断舍离"

6 目标达成力

"到达终点的意识"　　→ 扔掉

小剧场　"我以为完成了呢，为什么事情又变成这样了呢？"

黄金崎君擦着额头上的汗，伸了一个懒腰。

"啊，太棒了，终于完成了！"

注意到他的动作，坐在对面的田中君问："黄金崎君，怎么了？"

"哎，终于把积压在库的清单做完了。你看，有16页呢，这种完成的满足感，真是什么都比不上的一种享受啊。"

"是嘛，可是你也只是完成了清单的部分啊。"

"是啊，但也是向目标迈进了啊。"

这么说着，黄金崎揉着肩膀走向休息室。这时，土井经理叫住了他。

"黄金崎，要去哪里啊？"

71

"啊,经理好,清单部分终于完成了。"

"是嘛,那辛苦你了。在库合计大概是多少呢?"

"啊?你只说了统计一下清单,所以金额部分我还没有涉及……"

"统计清单是为了弄明白积压在库的量,然后,根据这个量的多少,想出合理的解决方案,这才是你真正要做的工作啊。"

"额,我只统计了清单,就以为任务完成了。"

"你在说什么,做到这一步还没完成呢,赶紧都做出来。"

就这样,又返回到座位的黄金崎,叹着气说道:"我以为完成了呢,为什么事情又变成这样了呢?"

❖ 完成一项工作就以为达成了目标,你有没有过这种错觉

制定工作计划的时候,以一个月为单位,制定中长期的计划是很有必要的。但是,如果能把每项任务的期限都划分清楚,那之后的跟进管理、维持项目动力,就会变得容易很多。

比如,我写完一本书要花费 2 到 3 个月的时间,每天都要固定完成一定的量。

如果是由 30 个项目构成的书本,按计划每天完成一项的话,一个月下来就可以完成整本书的写作。

第三章　只用 5 秒钟，立见成效→ "断舍离"

在实际操作中，根据设定好的可完成的目标，看实际完成的情况，是延迟了还是跟进了，就会有一个清晰的把握。

但是，就算写完 30 个项目的正文，也还要完成书的序言部分和结语部分，整本书才算是真正完成。

所以，完成每天固定的目标是很重要的。但是，如果没有达成最终目的，也是没有任何意义的。

在大学时代的学园祭中，我们有机会借用教室，开办研究展示会。

举行的前几天，聚集了所有的人员，在教室中展示了论文和研究的成果，并装饰了教室。

经过几天的努力，终于做完了所有的准备工作，大家都叫苦不迭地回家了。

但是，在学园祭的当天，却很少有成员来。就那么一小撮的成员，被当天来观展的人围着问个不停。

不考虑做事的最终目的，只把眼前的任务完成，就以为是达成了目标，这就是无用的思考。自己觉得所有的都做完了，放在整体中一看，也只是完成了整个工作的一部分而已。

❖ **意识到"目标"与"目的"的不同**

只完成了眼前的目标，就以为是完成了所有的任务，这种思考在"IN BASKET"中被认为是缺乏"洞察力"。

洞察力,是在把握整体后,对未知做出预判的一种能力。

在"IN BASKET"测试中,"当事者意识的能力",也被作为一个课题来研究。

这项课题的研究,能体现出一个人的责任感,也能察知自己追寻的是什么东西。

传真文件,不仅仅是传真这个动作的完成,更重要的是确定"传送给对方无误"。

在做工作的时候,每项任务之间有个喘息的时机,这是没有问题的。但是,一定不要忘记统观整体。

"现在真的是卸下所有负担,好好休整一下的时机吗?"

思考一下,就会发现,胜利还在远方。

被认为的终点,其实也只不过是一个节点,在节点上休息不前,并不是明智的。

一项任务完成之后,就认为是"整个工作都完成了",这种无用的思考要摒弃。

最重要的是搞明白——什么是"目标",什么是"目的"。

第三章　只用5秒钟，立见成效→"断舍离"

卖不出的T恤

制作好了交付的订单，却忘记交付的T恤。

> ● 想到"真正的目的"，看到更远
>
> 　　就像汽车导航一样，设定成"详细"，你只能看到一部分的区域。要想看清楚离目的地到底有多远，就要设定成"广域"，这样一眼看去就很清楚了。
> 　　当你想要完成某项任务的时候，就要把握清楚这个任务在全局中占什么位置，这样就不会半途而废。
> 　　认清最终的目的，在头脑中描绘出更远的景象吧，工作就这样被你全部完成了。

7 利益追求力

"夺取竞争对手的利益"
→ 扔掉

小剧场 "他们赚我们的钱,我感到懊丧而已,事情怎么会变成这样?"

"FLOWER 制衣"的会议室。

因为销售状况不良而召开的会议正在进行。

"也就是说,我们的'羽衣系列'相继被退还回来,是因为被竞争对手'木曾制衣'今春主打的'羽衣派'的设计打败了。"

主持会议的大塚,根据已收集到的信息,总结了一些重点,一边在屏幕上放映着PPT,一边做了相关报告。

参加会议的成员们看着屏幕上一线下滑的图表走势,都发出了"唔"的声音。

"'羽衣系列'的设计,我们可是一直占据鼻祖位置的,现在却输给了他们,如果继续这样的话,销售赤字会越来越大。"

本山君懊丧地说完这句话之后,土井经理也点着头说道:"嗯,看来只能这样了,很遗憾,那就撤掉'羽衣系列'吧。"

听完这句话,一直默默不语的黄金崎突然开口说道:"我们已是赤字了啊,那以后'羽衣系列'就由'木曾制衣'独占了啊,那会赚好多钱吧。"

"啊,黄金崎说的也对,但是要把我们的损失降到最低限度。"

经理像是在安抚黄金崎的情绪一样,补充说道。

之后黄金崎还想说什么,经理察觉到了,紧接着自己刚才的话说道:"那么,接下来的问题就是如何处理库存,就拜托给'田崎屋折扣店'吧,看来只能以更低的价格进行销售了。"

这时,黄金崎猛地拍了下桌子,以很严峻的姿态开始了讨论。

"不行啊。'田崎屋折扣店'以每件 200 日元的价格买进,然后再以 500 日元的价格卖出,这简直就是一本万利的生意啊,怎么可能让他们赚那么多,不行啊,绝对不能把货物就这么拜托给他们。"

经理实在是看不下去黄金崎的样子了,恼火地说道:"黄金崎,差不多行了,你到底把谁的利益放在第一位?思考方式怎么那么怪异!"

"他们赚我们的钱,我感到懊丧而已,事情怎么会变成这样?"

❖ 对方获利，并不代表自己就有损失

有一次，我参拜某神社。

那个神社在历史上很有名，是我早就想去参拜的。

到了之后，只见神社的宣传栏上写着"隔壁的商店，没有获得经营许可就贩卖商品，请不要在那里买东西。"

更甚的是，神社的旁边，还建了一个跟神社风格完全不相符的小卖店。

看到这幅光景，想必他们这么做，是为了阻止香客们流向隔壁的商店。

"或许，写这告示的人，就是那种为了自己的利益，不惜损害他人利益的人吧。"

最终，我看完神社之后，就带着对那个地方不好的印象回程了。

有段时期，"谁拿好处了"这个短语很流行，是"谁都没拿到好处"的省略。

"谁得到好处了呢？"这么思考，反而会使人在售卖上学到东西。

不过，作为公司，毕竟还是以追求利益为先。在做商业决策的时候，往往也是以自己的利益为主导。

所以，为了削减对方的利益，连自己的利益也不顾，这样的做法，99%的人都不会采取的。

在我二十岁的时候，有过为钱犯愁的时候，于是拿着自己没有读过的书卖去旧书店。我是这么想的，"反正最后也是扔，卖到这里还能赚点钱。"

于是，就以一本数十日元，高则 100 日元的价格卖掉了。换得了零花钱，让我很开心。

但是，一周之后，我到那个旧书店去买旧书，发现当时被我以数十日元卖出去的书，此时在店里卖价是 300 多日元，我便生气地想："卖书简直就是一种损失！"

但是，经过了这么久，我回头再去想这件事，就觉得当时的想法很不理性。我卖书的时候是获利的，如果不卖的话，别说获利了，恐怕扔书还要费些功夫呢。

"卖了就损失了。"

"对方获利，自己没有获利。"

"对方获利，即是自己的损失。"

这些想法都是一种非理性的思考。

这些无用的思考，还是尽早扔掉为好。

在此，需要特别提醒的是，千万不要把这样的思考带入商业行为。自己的公司实现不了利益，还要想方设法阻止对手公司获利，这在商业中，会招致更多的损失。

❖ 夺取了对方的利益，最后也会损伤自己

我在超市就职的时候，有一位非常具有攻击性的店长。

为了削减竞争对手的利益，他散发了好多大打折扣的宣传单，就是要将竞争对手打败，使其退市。

短时间内，自己家的顾客确实增多了。但是，一停止折扣活动，客人就都回到竞争对手那里去了。而且，因为自己的公司有过大规模的折扣活动，给客人一种"折扣店"的印象，所以，价格想要调回很难。结果，业绩急剧下滑。

也就是说，为了削减对方的利益，反而使自己蒙受了很大的损失。

在商业中，只考虑自己的利益，追逐短期获利，结果只会使利益缩减。

当然，只考虑竞争对手的利益，也不行。

自己的利益很重要，双方的利益都很重要，要创造一种互利的形式。

所以，为了削减对方的利益，以牺牲自己的利益为手段，这种无用的思考，只会适得其反，于商业中没有立足之地。

断舍离工作术
舍弃思维5秒钟,9成工作变轻松

卖不出的T恤

顾客占不到便宜,价格定得很高的T恤。

○ 请这样思考:即使别人获利,也认为"跟自己无关"

"某大型企业获得了巨额利润……"

每当看到这样的新闻,作为经营者,你会怎么想呢?

"为什么好处都被他们拿走了,我一直在亏损。"

请停止这种无用的思考。

现在,你需要认识到,那些利益本来就是存在于不同的体系中。

有时候,我们应该把自己的利益和别人的利益隔离开来。

之后,你就可以好好考虑一下,那些能让自己的利益和对方的利益共同获得增长的方法了。

8 顾全大局的能力

"所有人都必须注意到" → 扔掉

小剧场 "我只是替司机多想了一下，为什么会变成这样？"

"黄金崎，我们出发吧"，土井经理一边穿着外套一边说。

"好的，已经叫好出租车了"，黄金崎一边说着，一边神采飞扬地引导着经理走向酒店大厅。

可是，出了大厅后，并没有发现出租车。

经理问道："哎？出租车呢？"

"在对面等着呢，这样出租车就不用掉头了。"

"对面？走到天桥还要好几分钟啊，为什么不叫到宾馆门口呢？"

"这边的路比较窄，司机不好开。"

"啊，我们必须走过去？快赶不上约定的时间了啊。"

就这样，两人跑到过街天桥，满头大汗地上了出租车。

> 快要到达目的地的时候，黄金崎对司机说："师傅，在这停吧，这样你就不用拐弯再掉头了。"
>
> 司机说道："在这停就可以吗？目的地还没到啊。"
>
> "没事，从这走过去就可以了。"
>
> 这时，坐在旁边的土井经理，带着惊讶的表情，生气地说道："黄金崎，你自己下去吧！"
>
> 看着远去的出租车，黄金崎自己嘟囔着："我只是替司机多想了一下，为什么会变成这样？"

❖ "关心对象"搞错了吧

对周围的人表示关心是很重要的。

乘出租车的时候，我经常会查看一下钱包。如果只有1万的纸币，我会想："还得麻烦师傅找钱，真是不好意思。"

对于跟我搭话的司机，我也会与他话话家常。虽说没有什么必要，但考虑到对方的心情我还是会这样做。

当然，也有不考虑对方的人。

在"IN BASKET"中，"问题解决能力"和"自主决定能力"较强的人，往往不太擅长顾虑周围的人。思路井然有序的人比较擅长传达自己的意志，因而不太会考虑别人的心情，会给人一种很冷酷的印象。

另一方面，也有比较擅长考虑别人感受的人。

无论多忙都会考虑到别人的人，一般人际关系比较好。

由此，我们可以看出，关照是有限制的。

不考虑优先顺序，不顾及亲疏远近，即使有所关心也是白费。

你在关照别人的时候，是在发送着重视那个人的信号。而从旁人看来，也可能会接收到"我被忽视了"的信号。周围人的这些感受，虽然对自己造不成什么实际上的损失，但无形中，也会让人有种失去了什么的感觉。

比如，在餐厅里，明明是自己先来的，店员却先去招呼后来的客人，这时的我们就会想："怎么可以这样！"

之后，即使店员对我们的服务也很周到，但是因为先前的"不被招呼"，还是会让人觉得"不够被重视"。

当人感觉到自己不受重视的时候，就会愤怒，心就会离开。

约会的时候，仅仅是因为不小心关心了一下其他的异性，约会的对象就会满脸不高兴，这种事情时常都会发生。

并不是说，关心别人不好。只是有一些不当的关心，会让对方认为："我应该被关心多一点吧，我被放在了怎样的位置上呢？"

所以，关心也是有先后顺序、主次关系的。

❖ 学会"恰到好处的关心"

要让关心恰到好处,到底应该注意什么呢?

一共有两方面。

一方面是,认清关键人物。

本来人与人都是平等的,但在人际交往方面,在现实中,还是存在着"重要的人"和"相对没那么重要的人"之分。所以,关心就要因此而分出优先顺序。

在我小的时候,有一回,正当我心里想着"马上就要开饭啦"的时候,突然有位客人来访,全家人的用餐时间被推后,我的肚子也饿得咕咕叫。

那时候的我,就会不满地认为:"在父母眼里,还是客人重要!"

实际上,在大人的世界里,为了工作和家庭,需要特别重视与"关键人物"的关系,因而一些做法是可以理解的。

与人交往中,如果弄错了"关键人物",无论你有多少的人脉关系,最终都不会与成果沾边。同时,你和"关键人物"的信赖关系也会消失,陷入不再有关系的僵局。

另一方面就是,清楚目标实现的关键。

我在超市做指导员的时候,为了进一步提高某热卖商品的销量,便想到在实体卖场中展开售卖。这时候,我要沟通的对象不是店长,而是卖场工作的女职员。

第三章　只用5秒钟，立见成效→"断舍离"

在卖场中负责摆放商品的，正是这些女职员。

所以，目标实现的关键，不是向店长传达什么，而是商品如何在卖场中摆放，这就是我的判断。

认识到目标实现的关键，找到主要的负责人，也就是那个关键人物。然后，把思考放在与此有关的行动上，这样做才是最有必要的。

断舍离工作术
舍弃思维 5 秒钟，9 成工作变轻松

为运输公司考虑，开始使用更加轻便和容易携带的新材料纸板做包装箱，结果价格翻了三倍的 T 恤。

○ "顾虑的一方"还是"被顾虑的一方"

"顾虑"这种行为，并不是有意识地赠与或者是接受，是自然而然地进行其本来的方式。

过多的顾虑，更容易导致失败。

生活中，因为顾虑过多，而把事情变得更糟的例子不胜枚举。

所以，在太多的思考中，我们应该冷静地认清自己和对方的关系。

到底自己应该是"顾虑的一方"，还是"被顾虑的一方"。

这样一来，每一件事情中，真正应该花心思的一方也就显而易见了。

中级进阶

- 9   关怀力
- 10   洞察力
- 11   问题解决力
- 12   效率追求力
- 13   当事人意识力
- 14   传达力
- 15   协调力

9 关怀力

"多余的体贴入微"
→扔掉

小剧场 "啊？不会吧？我本来是想找经理商量的嘛，怎么会变成这样？"

　　下午三点钟，活力尚存的办公室里，黄金崎君也在忙碌着。他之所以看起来很忙，是因为他每隔一分钟就会向土井经理那边瞟两眼。而土井经理正对着电脑，一边改着文件，一边频繁地接听电话。

　　坐在旁边的女职员奥田女士注意到了黄金崎君的不安，对他说道："黄金崎，你怎么了？"

　　"发生了一点儿麻烦，正想跟经理报告……"

　　"啊？麻烦？那要赶快报告啊！"

　　"不过，也不是什么太大的麻烦，主要是经理一直在忙，我正寻找时机呢。"

　　"你要这么说的话，就报告不成了，经理永远都很忙的。"

> "要说清楚,得多争取点时间才行啊。"
>
> "那也不能就这么……"
>
> 此时的土井经理依然很忙。
>
> (30分钟后)
>
> 土井经理突然站起身来,快步朝会议室走去。一直在等待时机的黄金崎君也立马站起来追向经理,可还是差一点,没赶上。黄金崎只能看着经理进了会议室。
>
> (又过了30分钟)
>
> "实在对不起,我不是责任人,请您稍等一下……"奥田焦急地按下了电话的保留按钮。
>
> "黄金崎!贸易合作方的'冈田屋'打来电话,气势汹汹地问我刚才的麻烦事怎么样了?"
>
> "啊?不会吧?我本来是想找经理商量的嘛,怎么会变成这样?"

❖ 报告事情无须寻找时机

有时候,报告的时机不同,上司的反应也会有很大不同。

当你想要报告的时候,如果上司正好有时间,还可以不慌不忙地进行商量。但若碰到上司繁忙无比,就有可能遭到训斥:"你在干些什么?赶紧想办法。"

我在原来的工作中，对于报告的时机，小有观察。有些时间段换成是自己也会反感，特别是在上司外出之前、开会之前、下班回家之前等，要避免在这些时间段里打报告。

还有，打报告要尽快，这是原则。

我在之前做管理的时候，有一次，一位重要客户的留言，部下在第二天才传达给我，我询问道："为什么当时没有立即跟我报告？"

部下回答道："昨天看您一直在忙……"

"你这样留意我，我很高兴。但你确切而且迅速地向我传达留言，这对我来说才是莫大的帮助。尤其是，越是麻烦的问题越要尽快向我报告，这很重要。"

为什么呢？因为麻烦的问题一旦被搁置，负面的影响就会不经意间扩大，越早处理越有利于问题的解决。

部下经常会说："觉得不是什么大事。"

"是不是大事"基本上是由上司来决定的。

所以，与其总在"窥伺时机"、"担心对方"，进行这些无用的思考，不如立即行动。

❖ **考虑"紧急程度"再行动**

前些日子，我在机场餐馆吃饭时，发生了这样一件事。

当时，我刚坐到位子上，旁边正好有一对夫妇也坐了下来。因为很快就要登机了，我便着急地招呼店员点了餐。那对夫妇在我点完餐后，才好不容易地决定了要点的东西，丈夫四下张望着找店员，妻子却说："店员好像很忙，等他过来的时候我们再点吧。"

但是，我们的座位正好在最里头，而且柱子挡住了我们，所以店员一直也没过来。

结果，我的食物送过来 10 分钟之后，那对夫妇才终于点成了餐。

没过一会儿，两人竟然吵了起来，似乎是在争执"饭能不能吃完"，"飞机能不能赶上"的问题。原来，他们要搭乘的飞机和我是同一航班。

等两人点的餐送上来的时候，我已经吃完起身了。而后那对夫妇到底有没有登上飞机，就不得而知了。

在"IN BASKET"中，需要评价"优先程度设定"的能力，这种能力是指在很多行动中，优先采取哪种行动的能力。

在决定优先程度时，就要用到"重要程度""和紧急程度"这两条轴线。（参照第 16 页图）

"过于体谅对方"，这种思考的无用之处在于它改变了紧急程度的思考方式，这是可以进行改善的。

紧急程度是在"现在行动好呢？"还是"之后行动结果也不会有所改变呢？"的时间轴线上考虑的。

第三章 只用5秒钟,立见成效→"断舍离"

如果判定出"现在行动好",就无须"窥伺时机"或者"体谅对方",立即行动就好。

除此之外,在报告问题的时候,还应考虑到因此而产生的负面影响有哪些,是否会扩大。

如果你能想到"现在不行动的话,事情会怎么发展呢?"那么,之后要做出怎样的判断,就很明确了。

断舍离工作术
舍弃思维 5 秒钟，9 成工作变轻松

卖不出的
T 恤

一个劲儿地窥伺店面摆放的时机，长眠在仓库中的 T 恤。

○ 事先确认适合报告的时间

向上司报告的时候，也并非要无视时机就报告。而是要事先询问好适合报告的时间——"我有事情要汇报，什么时候合适呢？"

汇报并非是要抢占对方的时间，而是要让对方抽出时间。

多数情况下，对方在意的是报告的内容，迅速而有重点地对此进行汇报，才是正确的选择。

○ 使用便条等其他传达手段

一般情况下，报告都是口头进行的，但也可以使用别的传达方法先做申请。当对方在打电话或者商定事情的时候，悄悄地写一张"我有事情要报告"的便条，递予对方，也是一个不错的方法。

如果使用邮件，对方不一定能够马上查看，对于一些紧急的事情，还是用便条和内部电话通知的方式更为有效。

第三章 只用5秒钟，立见成效→"断舍离"

10 洞察力

"暂且延迟" → 扔掉

小剧场 "明明已经这么忙了，为什么事情还会变成这样呀？"

通常情况下，公司每当月初，电话接打量都会比较少。但不知什么原因，黄金崎君的电话却特别多。

"您好，我是黄金崎，您说账单是吧？现在事情很多，您能不能再等两天？实在抱歉啊。"

话音刚落，黄金崎的电话又响了起来，"您好，原创T恤的企划书是吗？正在精心制作呢，您再稍等时日就能做出来了，再等四天好吗？好的，四天后一定……"

听到这些的土井经理，走过来问道："黄金崎，你这个周怎么这么忙，不应该呀。你为什么不立即着手做呢？只要想做，应该能做完的吧。"

"经理，我这是作战策略。稍稍拖延一下就能多出几天的时间，可以不慌不急地把事情做完。"

正说着，黄金崎的电话又响了起来。

"承蒙您多关照，我是黄金崎，商品目录是吗？有，下个周可以寄给您。"

结果，对方大声训斥的声音从话筒里传了出来，黄金崎的额头上汗珠都渗出来了，"好的，我知道了。本周内，不，明后天一定送到。"

黄金崎挂了电话，经理瞪大了眼睛问道："怎么回事？商品目录还要花一个周的时间吗？"

"本来这周发送也是可以的……"

"那你一开始不跟人家说好？我上个月让你完成的贸易方附加排名，你也说要用一个月才行，真的要用这么长时间吗？"

"那可是相当麻烦的事，挑选数据、加工……"

"这些有几个小时不就能做完吗？"

"不是的，我这儿堆了很多事，至少还要一个月啊，您要是着急，两周也不是做不完，怎么样？两周？"

"我知道了，还是交给别人做吧。还有，黄金崎，从今天开始，每隔一段时间，就要向我汇报一下你在做什么工作。今天的汇报在一个小时之后，严守时间，怎么样？"

黄金崎听了，哭丧着脸嘀咕道："明明已经这么忙了，为什么事情还会变成这样呀？"

❖ 为谁而延期

交涉技巧在商务中是必要的。

比如,延长产品的交货时间等,一方面发现了错误,还有时间可以改正。另一方面还可以防止意外情况的发生,规避相关风险。

就像我现在写书,需要和出版方约定好出版时间。但我从不要求设定极限的日期。因为这个时间的确定和落实,涉及编辑、设计、印刷、售卖等各方事宜,需要根据双方的实际情况商定才好。

有准备地做决定,需要有能够预测到"接下来怎么办"的洞察力。

但对有些人来说,"不设定极限期限"的洞察力若是超过一定的度,也会演变成以"延期"为目的的无用思考,这是思考的浪费。

以下是我们公司在某招聘杂志上刊登招聘广告的事例。

因为正值忙碌的时节,公司恨不得马上招到人手,就烦劳杂志的负责人过来,告知了招聘广告内容。

由于内容写得有些生涩,我便问道:"能刊登到这周的版面上吗?"

"不,这周不太可能。可能要登到下周的版面上,怎么样?"

听到这样的回答,我不禁诧异:"要这么费时间吗?据我所知,别的招聘杂志最快两天就可以刊登出来。"

"我们还要对原稿进行编辑,下周才是招聘广告集中的一周……"

一想到眼前急缺人手,我便直接说道:"那这次就不刊登了。"

结果那个负责人急忙答道:"那就争取登在本周……"

明明一开始就可以做到,却为了确保自己的便利说"不行"。

结果,由于我不能消除对那位负责人的不信任感,我拒绝了刊登。

❖ "延期"不同于"拖延"

我们要这样理解:"宽延期限"能获得自己的时间,另一方面也"夺取了对方的时间"。

其中存在这样的技巧:夺取了对方的时间,也就加重了自己的负担。有时,让对方等待,使对方的期待膨胀,可以增加价值,但这不是通用的技巧。如果已经告知对方大致的交货日期,越是让对方等待,价值反而越被贬低。

我们容易认为"商品的价值存在于商品本身",但附加的时间也是很大的价值。

好多网购公司在产品下单后,大部分地区都会在第二天发货。会员还可要求在当天发货。这些都是很好的附加价值。

提前完成的任务,保质保量的供应,都有着超越工作和服务本身的价值。

而没有正当理由的拖延,只会变为风险。

因为拖延,你工作的价值会下降,如果没有超过那个价值的完成,你受到的评价自然就会降低。

通过延长期限来做出更好的判断,这是有效"延期"。单纯的"拖延"只会降低你的信用,最终被做得更快、更好的人抢去应有的成绩。

在"IN BASKET"中,"延期"的决定可能成为受到好评的行动。但这里若是掺入些无用的思考,就会变成"拖延",成为不受好评的行动。

断舍离工作术
舍弃思维 5 秒钟,9 成工作变轻松

卖不出的
T 恤

超过订货日期,三个月后才能到货的 T 恤。

◯ "很荣幸"地承接工作

被你拖延的那些工作,请以最快的速度完成吧。

对方会为此惊讶,更会向你致谢,你也会因此而倍感愉悦。

请在心里默念这样的魔法咒语——"好的,我很荣幸。"

◯ 在笔记本上记下拖延的事项

多数有拖延倾向的人,都不清楚自己"现在应该做什么?"

请在你的笔记本上记下——"现在拖延了什么?"

这样,你就能随时看清,即刻要做的全部事情都是什么了。

11　问题解决力

"解决问题的本质"　　　→ 扔掉

中级

小剧场　"我也明白了公司的本质问题，那就是你！"
"啊？是我吗？为什么会变成这样？"

黄金崎君吃完午饭回来，立刻就被土井经理叫了过去，"喂，黄金崎，又有'慈善演出的T恤掉色严重'的投诉了，你跟工厂确认了吗？"

黄金崎摇了摇头，回答道："当然确认过，说是使用的染料有问题，有一些衣服会掉色。"

经理从袋子里取出被顾客退回来的商品，递给黄金崎，"只是有一些吗？"

黄金崎一副事不关己的样子，经理不安地问道："那么，改善方案呢？"

"经理，这是我们公司商品策略的问题吧？"

"什么？"

"本来，以'低廉价格提供优质商品'的方针就关系到这次的事件。"

"又要开始了吗？"经理欲言又止，继续说道，"别说那个了，我问你'具体的改善方案'呢？"

"不，我认为在处理表面问题之前，应该从根本上纠正，解决本质问题。"

"现在不是解决根本问题的时候，是先要想明白眼下怎么办！"

"不，要从根本上解决，首先就要纠正这种只顾处理表面问题的错误认识。"

经理长叹一口气说道："够了，给我工厂负责人的名片！我来解决。"

黄金崎小声嘟囔着，拉开了自己的抽屉，"咦？去哪了？"

"抱歉，经理，名片找不着了。"

"啊？为什么？"

"是名片管理上的问题，现在正是我们公司应该导入共享客户信息和贸易方信息体系的好时候，不是吗？"

经理拼命地克制住怒火，放言道："我也明白了公司的本质问题，那就是你！"

"啊？是我吗？为什么会变成这样？"

❖ "从本质上解决问题"之前，应该做的事

我在研讨小组以"解决问题"为题目授课的时候，一直以这样的问题解决方法为导向：并非要巧妙地处理发生的麻烦事，而是要杜绝麻烦事的再次发生。

前几天遇见一个人，他说："感冒了就要去体育场锻炼身体。"

因为他是这样认为："身体的抵抗力下降才会感冒。"

这是他维持健康的独有方法吧？

本来，感冒了，正确的应对方法是：在保证休息的前提下，先去医院，看医生、遵医嘱，短时间内治愈感冒之后，再采取提高免疫力的中长期方法来强身健体，预防感冒。

所以，面对问题，首先要阻止危害的扩大，再考虑预防的措施。也就是，需要短期应对策略和长期应对策略双管齐下。

❖ 不能向"外部"寻求原因

我想说一下，"从本质上解决问题"容易陷入的问题。

断舍离工作术
舍弃思维5秒钟，9成工作变轻松

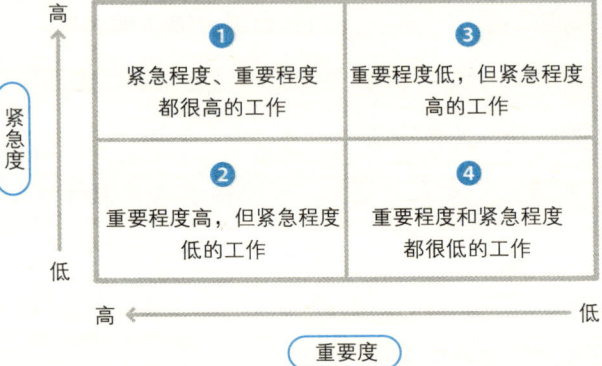

从本质上解决问题始于探究本质上的原因，但有些人一概都从"外部"找原因。

比如说，谈到"本月的家庭收支情况是赤字"，即关联到政治、世界经济等问题。寻求到这样的"外部"原因，结果就会模糊掉真正的原因，变得像评论家一样，却找不出应对的方法。

前面讲过，**"IN BASKET"** 将工作分为四个象限。

假设，手腕碰到放在桌子上的杯子，杯子倒了，水洒出来。

①是"紧急且重要的行动"，这种情况下相当于"擦掉洒出来的水"。

②是"重要但不紧急的行为"，这种情况下相当于"变换杯子的位置，今后注意放的位置"。

另外,③是"紧急但不重要的行为",④是"既不紧急也不重要的行为"。

以上为例,过于重视象限②而不管象限①的情况,就可以说是错误的判断。

"擦掉洒出来的水",才是首要决定。

追究本质是很重要,但止住当下"流出的血"也很重要。

"阻止问题恶化的行为"与"追究问题本质的行为"这两方面,可以说同样都是为了避免类似问题的再次发生而采取的必要行为。

断舍离工作术
舍弃思维5秒钟，9成工作变轻松

卖不出的
T恤

得出结论，"卖不出去的原因是经济形势恶化"的T恤。

○ 考虑是否当即生效

在追究本质之前，抽出考虑的时间吧。

关键词是："即效性"。

首先要考虑到"为遏制受害，当即应该生效的行为是什么"。

当你采取了实际行动，节省出了时间，你才会更好地把握短期策略与中长期策略两者之间的平衡，使问题得到全面解决。

○ 列举出行动

出乎意料的是，我们并不清楚麻烦事发生的时候应该采取哪些行动。

从现在开始，试着做出一些列举吧。

比如，"马上向上司汇报"、"采取遏制受害的行动"、"追究原因"、"想办法防止事情重演"等。

然后，你就可以做出应对问题的短期策略与长期策略，明智而没有遗漏地去行动吧。

第三章 只用5秒钟，立见成效→"断舍离"

12　效率追求力

"因为自己而使事件效率化"
　　　　　　→扔掉

小剧场　"啊，我只是想高效地工作，为什么会变成这样"？

黄金崎君在电话里预约着明天拜访的事情。

"那么，我会在明天的15点17分拜访贵公司，能拜托您在15时40分结束商谈吗……"

坐在对面的田中君歪着头不解地询问道："黄金崎，你明天就那么忙吗？15点17分，真是分秒必争呀。"

"田中，今天经理不是说了吗，要'高效地工作'，就算是一分钟也要高效地运转呀，而且提前定好商谈结束的时间，预约的下一个事情也能高效地组织了。"

田中君一脸惊讶地随声附和道："啊，原来如此。"

这时，土井经理通知大家开会。

黄金崎跟着问经理："经理，会议能在14点10分结束吗？"

> "什么？黄金崎，你会后有什么事吗？"
>
> "会议总是拖拖拉拉地延长，以一分钟为单位划分的话，可能会有所帮助。而且之后也有很多工作要做。"
>
> "啊？你不会只考虑自己的效率了吧？那样的话，你别来开会了。"
>
> "啊，我只是想高效地工作，为什么会变成这样？"

❖ 错误的效率化是非效率化

下面是我第一次预定某酒店时发生的事。

外观和内部装修都很好的酒店，价格也稍微有点贵。

走进酒店的大厅，发现前台排满了办理入住的人。

"算了，受欢迎的酒店嘛，都会有这种事吧。"

我调整了心情，终于等到办理入住手续。可接下来还要按顺序等待酒店服务员的安排。结果直到进入房间，总共花了40多分钟。

而且，后来的早餐和办理退宿也都排了长队。

正因为我期待过于理想，所以失望也在所难免。

换我以前在超市工作的时候，如果让客人排队，我会抱有罪恶感。而在酒店中，让客人排队，似乎是理所当然。

如果从经营的角度考虑，在客流高峰时段，相应增加服务的人手，不正是应该采取的措施吗？

超市有顾客超多的时候，也有顾客稀少的时候，所以超市会根据实际情况的需要来改变收银台的开放数量。

但是，如果超市为了节省成本，只注重提高每个收银台的运作效率，而将收银台的总数设置过少的话，客人们就会排起长队。

你会发现，这样的超市，收银台的旁边必然会堆满了"弃而不买"的商品，好多客人厌倦了消费时的拥挤和等待，宁愿选择不再购买。

只顾自身获得利益而采取的效率化，即是错误的效率化。

因此，经营方损失的不仅仅是销售业绩，还有那些不再来的顾客，甚至是本店的口碑。

所以，错误的效率化只会像"拳击没有打中要害"一样，做不到真正的效率化，也得不到应有的成果。

❖ 正确考虑"效率化"

在那些想要"提高效率"的人中，有些人会搞错了目的。

提高效率本身一旦成为目的，就不会提高成果的价值，只会造成相反的结果。

还有一些人，会在"效率化"的名目下，一个劲儿地添加要做的事情，塞满空置的时间。

实际上，提高效率的目的是为了挤出时间，进一步提高成果的价值而充分利用时间。如果提高效率是为了做那些本来可以不做的事情，就是错误的效率化。

所以，持有正确的效率化的考虑方式，才是行之有效的工作方法。

❖ "效率化"与"效果化"

"效率化"是在有限的资源中，为怎样尽可能地实现成果而考虑。

"效果化"是为获得最大的成果，考虑所需多少资源。

两种思考并用，才是可见成效的时间管理。

换言之，要想实现最有价值的投资，应该同时考虑到提高效率化所需的时间和资源最大程度可发挥的效果，这两方面同时兼顾才会事半功倍。

第三章　只用5秒钟，立见成效→"断舍离"

卖不出的T恤

为了效率化，顾客不得不自己缝补的T恤。

现在就来挑战！

○ **注意考虑提高效率的方法**

现在，无论是为了公司的发展，还是工作的需要，我们都需要根据现有的情况，做出提高效率的正确考虑。

如果只知道"提高效率"，而不知怎样才是正确的思考，形成"错误的效率化"，那就是无用的思考，应该及时制止并纠正。

如果只想"提高效率"，而没有方法，那也是无效的思考。

所以，从现在开始，请用有效的思考，去考虑实现高效的巧妙方法吧。

13　当事人意识力

"前事不忘,后事之师"
　　　→ 扔掉

小剧场　"我只是想弄明白失败的原因,怎么会变成这样?"

黄金崎君正用呆滞的眼神盯着电脑屏幕。

田中君见了,有些担心地问道:"黄金崎君,怎么没精神呢?"

"嗯,'大和屋'的那件事,怎么想都觉得懊悔。"

"那也没办法呀,对方选择了'维多利亚衣料',没选我们的产品,是做出综合判断的。"

"不,我觉得是我脸皮不够厚,缺乏自信。"

"那你也不用这么失落啊。"

"为什么会变成这样呢,是我的能力问题还是战略有问题?"

> 土井经理看到这副样子的黄金崎,走过来说道:"喂,黄金崎,你要失落到什么时候?振作点啊。"
>
> "啊,经理,我对此实在抱歉,为什么会变成这样呢?"
>
> "差不多就行了吧,都是上个月的事了。"
>
> "话说回来,那件事以后,你的工作好像一直没有什么进展呀?"
>
> "哎?自己搞不明白失败的原因,工作就不能向前推进啊。"
>
> "你适可而止吧,抑郁了一个月了,你都干什么了,赶快弥补工作!"
>
> "不,不考虑清楚,只会重复同样的错误。这样下去,即使工作也会再失败的。"
>
> 看着这样的黄金崎,经理只能无奈地低吼道:"随你便吧!"
>
> 黄金崎看着转身而去的经理,更加郁闷地叹气道:"我只是想弄明白失败的原因,怎么会变成这样?"

❖ **巧妙地提高"自我效力感"**

人在职场中,难免起起落落。

至今为止,我见过很多部下,有乘势而上的,也有一直徘徊在底层的。从多年的经验来看,我只能这样总结:实际出成果的,不是不犯错误的部下,而是失败后重新爬起来的人。

即使再出色的人,也不会没有差错。至今为止,我还没见过不出错的人。看一个人是否是真正的管理人才,需要看他面对失败时,能有多快进行自我恢复并绝地反击,这一点很关键。

在我参加职业咨询师考试的时候,实际技能的操作部分,我也出了错。

咨询进行中,我发现我不是在"咨询",而是在"指导"。在咨询中,咨询师不应该把咨询人带到自己想指导的方向进行"指导",而是要靠近咨询人的心理予以引导。幸好,我在当时意识到了失误,并没有因此影响后续的操作。

这样的情况还能得以通关,秘诀在于我当场能"将错就错",有一个"出错也是正常"的预设心理。当然,没有比不犯错更好的了。考前我就告诉自己,与其以 100 分为目标,还不如以 80 分为目标,成功的概率更高。果不其然,正式上场的时候出错了,可在确认了错误之后,我很快地调整出新的姿态,这才使考试取得成功。

在做事情的过程中,"反正是要失败的"这种思考方式被称为"没有自我效力感的状态"。从一开始就想着"反正要失败",只会导致新的失败。

提高"自我效力感",可以使用这样的方法:创造成功做成某事的体验,掌握"代理经验"中形成的思考方式,"他能做到的我也能做到",以此作为自我鼓励。

在工作中取得成果的人善于提高"自我效力感",即便是失败了,也能及时转换心情,投入到之后的行动中去。

相反,在工作中一时没有取得成果的人,在失败以后就会闷闷不乐、百思不得其解、顾虑重重,以致花费很长时间才能调整过来,因此而浪费了大把的时间,不但什么也没做成,还给周边的人带来了消极的影响。

❖ 把自己想成"悲情的主角"是思考的浪费

当事情进展得不顺,或者遇到失败,我们需要做一个思考的转换。

进行重新调整,转换为下一个行动。如果不能完成这个转换,一次又一次地重复思考着以往的挫败,把自己想成"悲情的主角",这就是无用的思考,思考的极大浪费,必将导致行动的停滞不前。

其实,只要我们在头脑中总结出"从失败中学到了什么"、"为避免下次失败该做些什么"就足够了,之后就剩下转换并付诸行动了。

在研修班的结业考试中,我会在一开始就故意置入一个难处理的问题案件,其意图在于考验学员是永远烦恼于那个案件,

第三章 只用5秒钟，立见成效→"断舍离"

还是能够继续前进，即是否具备"穿越墙壁的力量"。

其中有些人因为第一个案件而泄气，之后的案件基本只能做表面化的处理。

而最后脱颖而出的，就是那些拥有了"穿越墙壁的力量"，能够做出重新设定，迎接挑战的人。

断舍离工作术
舍弃思维 5 秒钟，9 成工作变轻松

卖不出的
T恤

一直被人在分析为什么卖不出去的 T 恤。

○ 把失败写在头脑中的塑料黑板上再擦去

这是我实践的技巧。

当你发生这样的状况：不管在头脑中怎样重新设定，失败过的事情都会反复浮现。

这个时候，请闭上眼睛，试着做这样的尝试：把失败的内容写到头脑中的黑板上，再拿来橡皮，将它们轻轻擦掉。

实际感受一下这个过程吧，就像呼吸到新鲜的空气，让头脑重新启动。

14 传达力

"繁冗的语言和文章"　→ 扔掉

小剧场　"我只是按顺序说话而已，为什么会变成这样？"

土井经理大汗淋漓地走进办公室，对田中君说道："田中，之前的那件事怎么样了？"

"从结论看，大方向没问题。"

"是吗，做得不错。"

"只是还有几个小问题，过会儿向您报告吧。"

"嗯，好，等我开完会。"

经理又朝面对田中而坐的黄金崎说道："黄金崎，之前那件事怎么样了？"

"啊，怎么说好呢，首先是三天前我已联系过，说动物系列的设计，特别是河马和老虎图案的T恤很受欢迎，可能会在本次春季展览会上展览。"

断舍离工作术
舍弃思维 5 秒钟，9 成工作变轻松

> "黄金崎，这个我也知道，不用说了，然后呢？"
>
> "好的，为这件事我今天又电话联系了，虽说是在开会之前稍微着急了一点，但总算赶上了电话，毕竟今天电话特别多。"
>
> "黄金崎，你想说什么，我不是很明白。"
>
> "总的来说，关于'FLOWER 制衣'的事情，大家都说由经理来把关很难得。啊，大家中也包括我……"
>
> "我更不明白了，别再说了。"
>
> "那个，接下来才是重要的事情……"
>
> "田中，拜托啊，把黄金崎想说的总结出来，一会儿一起向我报告！"
>
> 黄金崎看着经理快步朝会议室走去，仰望着天花板叹息道："我只是按顺序说话而已，为什么会变成这样？"

❖ 报告越长，越容易让人不明白

说一说在我身上发生过的小案例。

当时正值盂兰盆节时节，东京的客户打来了电话："贵公司寄的货物还没到……"

按照客户指定的收货时间，已超出了两个小时，客户有些生气。

我立即找到发货单号，查到了货物的行踪。了解到货物虽然像往常一样被发出了,但由于配送货物的卡车途中遇到大堵车,导致货物还没有到达目的地。

我向客户打电话说明情况。

"公司是像往常一样按时发送的,可能是因为盂兰盆节的缘故,卡车……"

话还没说完,客户就用压过我的声音说道:"先别说这些了,说结果。"

之后,我想了想,事情之所以会这样,与我从一开始就像讲故事一样地说明事情有关。我把客户最想知道的事情拖到后面没有先说,而客户最想知道的是"什么时候能到",所以,客户才如此生气。

从这件事情可以看出,当你以为"传达越多的事情,对方就会越明白"的时候,就要注意这种无用的思考会引起的麻烦了。

❖ 确认自己有没有过分传达信息

经常存在这样的情况,你传达了很多,对方却没有理解。当过讲师的都有体会,那些经过自己加工润色,最想传达的"关键信息",到了对方那里,经常会接收不到,或明白不了。

你在讲授大量的知识,过多的重点时,不经意间就会讲快讲多,而听众却难以全都消化,造成理解力下降。

所以说,你所传达信息的多少,与对方的理解程度,是很难成正比的。

在这里,自己有没有过分传达信息,有一个确认的方法,那就是通过"自己发送的邮件"来确认。

打印出一份发送过的邮件,好好读一遍。

邮件中,如果存在"不需要的文章",就用横线划掉。

你会发现,这些"不需要的文章",很可能已占了邮件70%以上的内容,再加上口语中夹杂的那些"无用的话语",最终,就可以看出,邮件的关键内容被你传达了多少。

路过东京新桥火车站的时候,有人在街头演说。从声贝很高的话语中,传出的只有"然后呢"、"就是说"、"其实"等,这些多余的词语。

为什么会夹杂着这么多此类的言语呢?

这是因为,"关键信息"在头脑中是处于模糊状态而被传达的。

所以,做报告的时候,你可以将"要报告什么"在头脑中整理成一行左右,然后再讲述,也许效果会更好。

第三章 只用5秒钟，立见成效→"断舍离"

卖不出的T恤

附带冗长说明广告的T恤。

- 让对方来提问

之所以会掺杂进许多多余的词语，那是因为你想一次性让对方全都理解。

所以，从一开始，请试着"将想让对方理解的信息量控制在30%左右"，然后再传达吧。

遇到对方不明白的地方，就让对方来提问。

通过回答提问的问题，你想说的就能很爽快地传达给对方了。

这样的传达方式，是不是更加简洁而有效了呢。

第三章 只用 5 秒钟，立见成效→"断舍离"

15 协调力

"我们是关系良好的集体"
　　　　　　→ 扔掉

小剧场　"明明是为了大家才开的会，为什么变成了现在这样……"

"今天会议的主题是'如何有效并灵活地运用业务报道系统'。大家可以积极地提出自己的意见。"

随着主持人黄金崎的开场白，今天的会议开始了。

东野君第一个发了话，"我可以发言吗？关于业务的记录，大家不觉得设置'明天的课题'这个名目没什么意义吗？"

接着，木下君皱起眉头说道："什么？要是不记录的话，怎么知道明天要干什么？"

黄金崎看到两人意见相左的情况，急忙插话道："别这样，大家都是同事，不能扰乱了团队协作。至于要不要记录'明天的课题'，每个人都有自己的判断。"

"不光是'明天的课题'，还有'共享项目'，只有承担者本人可以提前知道,敢问这样还有必要共享吗?"

又是东野,接着提出了问题。

黄金崎一脸为难,再次叫停道:"又来了,别这样,东野君。大家一直都是这么做的,对吧?"

这时,木下君发话道:"等一下,黄金崎。我们此次会议的目的不就是提出问题并进行解决吗?你这样等于没有解决任何问题。"

"也许吧,但大家都是同事,不宜引起争执,咱还是和气点好。"

"那这样的话,还不如不开呢……"

其他的同事也随着木下君的话,七嘴八舌地议论了起来。

看到这种杂乱的局面,黄金崎小声抱怨道:"明明是为了大家才开的会,为什么变成了现在这样……"

❖ "团队合作"与"协调性"

所谓"协调性",就是大家将工作向同一个方向推进时,互相帮助、互相谦让,产生于组织内部的必需能力。当利益发生冲突的时候,只要组织具有协调性,工作就会良效进行。

在"IN BASKET"里,无论是"团队合作",还是"协调性",都是需要做出评价的能力。

但是，如果把"维护团队"变成了目的，以"协调性"作为挡箭牌，拒绝必要的革新，不采纳相关的建议，这种无用的思考，势必会阻碍目标的达成。

❖ "团队合作"与"关系融洽的集团"是不同的

通过"协调性"，可以看出组织中存在的依赖关系，即大家相互包庇、彼此护短的关系。

比如，当公司做出重组，或者新的调整，或是施行新制度的时候，团队成员们的第一反应，就是聚在一起，表示反对的居多。

这就能看出，与达到目标相比，成员们更看重保持团队现有关系的和谐。

我在**"IN BASKET"**培训中，也发生过类似的事情。

在某个老牌厂商的内部培训课上，要求进行小组活动。一般情况下，都会因各种意见不统一，发生一些争论。而这家老牌厂商的小组活动，一开始却显得十分平稳。

一人提出意见，其他人即会点头做出"没错，就这么做"的顺应回答。

一般来说，小组活动中的讨论总会占用很多时间。然而在老牌厂商的培训中，总有富裕的时间，甚至还把空闲演化成了闲聊。当然，这种情况就不再是培训了。

我看到这些场景，给出的评价是：这是个"关系融洽的集团"，却不再是一个"为了战斗而存在的团队"。

商场就是战场。

公司，是针对不同状况和发展需要，灵活组织团队的整体。但是，合作不当的话，就会有"抱团"的现象发生。

团队合作，是在每个人都保持自己独立性的同时，为了同一目标齐头并进。如果舍弃了个人的独立性，变成毫无个性可言的团体，就只能被称作是"同伙"，而不是"同事"。

如果只是打着所谓的"同事"的名义，把讨好成员放在首位考虑的话，团队协作的意义，也就无从谈起。

所以，不要让"无用的思考"，作用出"无用的团队"。

商场上的团队协作，就是为了把每一个人的力量糅合在一起，发挥出"1+1>2"的效果。

真正具备团队精神的集体，他们的关系是融洽的，他们还可以无所顾虑地直接表达自己的意愿，结合其他成员的想法，共同为实现目标而努力。

第三章 只用5秒钟，立见成效→"断舍离"

只顾团队合作了，十年没有任何变化的T恤。

现在就来挑战！

○ 团队协作需要反对的想法

团队相互协作，不代表成员们的想法都要一致。

虽然前进的方向要一致，但拥有自己的想法也很重要。

你知道吗？

你的想法，虽与大家不同，甚至发生冲突，却是防止团队误入歧途的重要保障与存在。

勇敢起来吧！

你的与众不同，正是团队的需要。

高级进阶

16　问题分析力

17　创造力

18　计划力

19　组织防御力

20　危机察知力

21　人际交往的能力

22　自我宣传力

16　问题分析力

"没那么简单"

→ 扔掉

> **小剧场**
> "我只不过是多方考虑一下，为什么会变成这样？"

土井经理手里拿着T恤，走到黄金崎跟前说道："黄金崎，这个T恤的字母，用日文不如用英文好看，赶快找设计师修改一下。"

只见，黄金崎没有回应，一脸为难的样子，翻着手里的企划书。

"喂，黄金崎，你在听吗？"

"嗯……"

"有什么问题吗？"

"有点问题。站在设计师的立场，这个时候再改很难吧，他们也不容易。"

"我们出费用让设计师修改，只要认真的拜托一下就可以吧?"

　　黄金崎双手叠在一起,脸上流露出愈发为难的表情。

　　"没那么简单啊。我事先把设计给田边前辈看的时候,前辈点头说可以。这样一来可就麻烦了。"

　　"哪里麻烦?"

　　"修改前辈认可过的内容,不但更麻烦,他还会不高兴的。"

　　"照你这么说,我们就改不了了?"

　　"是啊,经理也会很没面子的……"

　　经理无可奈何地说道:"黄金崎,差不多就行了。不就是改几个字母吗?怎么会难成这样!"

　　"经理,顾得了您这边,顾不了田边前辈那边,这可怎么办呢?"

　　经理深深叹了一口气,从黄金崎手里拿过企划书。

　　"行了,我知道了。就这样吧。我去拜托设计师修改。你再也不用负责这件事了,知道吗?!"

　　黄金崎看着经理离开的背影,小声抱怨道:"我只不过是多方考虑一下,为什么会变成这样?"

❖ 过多的考虑会让事情变复杂

有时候，我们需要停下来，思考一下。

越着急的时候，越应该做到这一点。

不过，这样的思考一旦过度，就会变成徒劳无功。

我曾经做过一个网站。

开始的想法很简单，认为"给客户看看样品，客户就会下订单"。

后来越想越多，"客户应该还想看到商品说明、购买的流程……"

于是，我又增加了商品的详细介绍、交货前的流程说明、退货方式的解说等，升级了网页。

结果，与期待的恰恰相反，面对客户们"到底怎么做才能买到商品"的抱怨，我不知所措。

正是因为我增加了各种设置、繁琐的说明，还有令人困扰的解疑答惑页面，才导致了商品卖不出去。

问题的关键就在于，我把本该简单的事情，"愈加分析愈加复杂"了。从顾客的角度出发，相信谁都不喜欢一进入网站，就像走进迷宫一般混乱，更别提愉快的购物了。

所以，及时回到最初的简单模式，很重要。

❖ "化繁为简"的能力，你有吗

当我们尝试一种新的想法时，经常会感到左右为难。

比如，要对团队做出调整，难免会有阻力和不满，解决不好，就容易顾此失彼。

但是，也不可能做到每个人都满意。事前的疏通虽然必要，但如果太过在意相关人的看法，事情就会变得更加纠结、难以处理。

其实，问题关系到的不是别人，而是自己。能把复杂的想法去掉的，也不是别人，而是自己。

在"IN BASKET"里，把维系一种假设的支柱能力叫做"问题分析力"。

因为太在意对方的看法，而把事情想得过于复杂的大多都是"问题分析力"很突出的人。

把假设仅止步于假设，也是这种能力的特点之一。

为了使假设成立，而进行信息收集，即进入了实践阶段。

需要区别的是，在**"IN BASKET"**中，把照顾别人的行为称之为"处理与人关系的能力"，这是做出成果必备的能力，也是一种自始至终都以实践作为评价标准的能力。

所以，仅仅在脑海中存有假设，不会做出任何成果。

不付诸于实践的假设或顾虑，都是无用的思考。

第三章 只用 5 秒钟，立见成效→ "断舍离"

卖不出的
T恤

带着帽子和口袋，需要花时间清洗的 T 恤。

○ 在脑海中画图

现在，让你的思绪，飞散到脑海中的各个方向。

试着做一个绘画式的整理。

在这个过程中，去发现那些不必要的事。

然后，将它们一一清除，回到简单，就这样被你做到了。

○ 把问题搁置

问题是因为考虑过多而产生的。

请在积极的方向上，把问题暂时搁置。

这样，真正的问题就会浮现出来。

接下来，我们只需要针对真正的问题，找出解决的方法就可以了。

第三章　只用 5 秒钟，立见成效→ "断舍离"

17　创造力

"空想时间" → 扔掉

> **小剧场**　"如果引进这一系统，不仅仅是仓库管理，就连利润管理也能简单完成。还有销售金额……"
>
> 土井经理向黄金崎说道："黄金崎，上个月的发货量统计出来了吗？"
>
> "正在进行，能稍微等下吗？"
>
> "花费的时间有点多啊。"
>
> "因为以后每个月都要进行统计，所以在做电子表格。一旦完成，只需要简单地添几个数字，就能马上统计出来。"
>
> "能这样做当然好。不过，你还是先把上个月的统计出来再做吧。"
>
> 经理说完，一脸担忧地回到了座位上。
>
> （20 分钟后）

经理又向黄金崎问道:"黄金崎,统计出来了吗?"

"经理,能过来看一下这个页面吗?使用这个程序,统计就是小菜一碟啦。"

经理走过来,看了下黄金崎的电脑页面,"这是什么?"

"库存管理系统,价值1000万日元,很多公司都引进了这一系统。"

"我只是想要上个月的发货数据,谁说要找价值1000万日元的系统了?"

"如果引进这一系统,不仅仅是仓库管理,就连利润管理也能简单完成。还有销售金额……"

"话说回来,电子表格又怎样了?"

"我也是第一次操作,进展不太顺利。"

"黄金崎,你真厉害啊!"

土井经理转向坐在黄金崎对面的田中君说道:"田中啊,不好意思,麻烦你来统计一下……"

已然这样,黄金崎还是兴致不减地补充说道:"经理,要是嫌贵的话,我可以去跟对方讲价……"

"黄金崎,够了!"

黄金崎终于回过神来,郁闷地问道:"经理,有什么不好吗?"

❖ 无边的空想让计划不能落地

有一位即将毕业的学生,给我看了他的创业计划书。

主要内容是讲,取得医疗器械的专利之后,灵活利用产品来拓展业务。

我诚恳地说道:"了不起。"

因为,即使有了发明,也不能以此开发市场的人有很多。而作为一名学生,能有这样的想法,值得鼓励。

只是,到了最后,他的计划并没有实现。

那是因为,在起初,他本打算把产品应用于某一中小规模的医疗机构,并以此为起点打开销路。但是实施计划的时候,他又设想"如果能应用于国内最大规模的医疗机构就好了",后来又设想"如果能推向国际顶尖医疗机构就好了"……

就这样,凭空的设想,让他的计划,最后以失败告终。

❖ 让思考"适可而止"

即便是很小的目标,也会在思考的过程中,随着想法越来越多而逐渐膨胀,最后就会出现,连一开始的目标都实现不了的情况。

因此,要学着让思考"适可而止"。

我的公司里有一个非常优秀的设计师。说她优秀,是因为她知道"什么时候该让思考适可而止"。

比如,我希望画出"月亮的意象",她就能创作出稍加设计感的画面。

而有些设计师就会借用过多动物或景物的画像来做过分的突出。

这种情况,就是不知道适可而止,反而弄巧成拙。

在"IN BASKET"中,把重新设定过的新生思考称为"创造力"。

有创造力的人会想到别人想不到的东西,这的确是一种值得炫耀的能力。然而,这种能力一旦过度发挥,就容易脱离根本,无法取得理想成果。

那么,为了阻止想法的膨胀,我们应该怎么做呢?

当幻想展开,能看到另一个画面的时候,把想法或者印象记录在笔记本上。

这样,思考了什么,在哪儿停止,就可以清楚掌握了。

还有,"首先完成本该要做的事"的态度也很重要。

始终不忘最初的目标,就能随时判断出自己的想法和创意有没有脱离事先设定的轨道,原本的行动计划也就可以顺利实现了。

第三章　只用5秒钟，立见成效→"断舍离"

卖不出的
T恤

外太空也能穿的T恤。

○ 约定行动的时间

行动之前，与自己做一个约定。

给这个约定，设定一个期限。

这个期限，要稍微有些提前。

然后，就请你遵守自己的约定，心无旁骛地为达成最初的目标而开始吧。

○ 切断你的网络

当你想要通过网络搜索，求解一个问题的时候，往往到最后，你会发现，打开了太多的网页，看了太多的信息，却都与自己想要找寻的答案无关。

网络在资料收集方面，确实给我们带来了很大的便利。

但另一方面也会成为阻碍目标实现的"恶魔"。

鉴于网络使得人们做无用功的概率大大增加，让我们暂时摆脱对于网络的依赖，集中思考在需要专注的事情上吧。

第三章　只用5秒钟，立见成效→"断舍离"

18　计划力

"不战的理由"
　　　　→ 扔掉

小剧场　"我只不过按书上写的做了，为什么会变成现在这样啊……"

　　土井经理越过面前堆成小山似的纸箱，找到了黄金崎。

　　"黄金崎，这些纸箱是怎么回事？不会是上个月交给折扣店的商品吧？"

　　黄金崎一边翻着发票一边回答道："没错，这些都是退回来的商品。"

　　经理脸色大变，紧接着问道："退回来的？这些明明是对方采购的，我们还给他们打了折，不是吗？你就接收了？"

　　"话是这样说，就算我们不收，起诉对方，也会跟书上的案例判决一样，肯定会输。再说起诉还得花钱不是……"

　　"问题不在于你说的那些，立刻去走法律程序！"

　　"啊？这种纠纷我们从来没有赢过啊。既然经理一定要这样，我就照办好了。"

经理绝望地摇了摇头，怒吼道："当然了！这是命令！还不快去！"

土井经理刚跟黄金崎说完这事，经理大岛君拿着一份文件，走到了黄金崎旁边。

"黄金崎，'大和设计所'的账单到了。好像从这个月开始就要提高单价了，是吧？"

黄金崎微笑着答道："对不起啊，我之前没说过吗？没错，是这样。"

听到事情经过的土井经理，皱了下眉头问道："黄金崎，我怎么没听说过这回事？对方为什么要提价？"

"难道我忘了跟您说？'大和设计所'说自己生意不好，要从这个月开始提价。"

"然后你就答应了对方的要求？"

"嗯。我想这也是没办法的事，而且我最近读的一本书里说双赢才重要。"

说完，黄金崎从包中拿出一本书，笑着递给了经理。

经理并没有接过书，直接冲黄金崎喊道："够了，黄金崎，你把公司的利益置于何地？"

黄金崎手里翻着书，小声地说道："我只不过按书上写的做了，为什么会变成现在这样啊……"

❖ "不战而胜"是最高的招式

"不采取任何措施，就是最好的应对。"

这是以前在超市工作的时候，某个店长说过的话。

当时，有一家竞争对手决定把店铺开在我们对面，公司就此事连续开了好几天的会。会议上，店长对我们说："不采取任何措施，就是最好的应对。"

当然，他说这话有他的判断。

竞争对手新开的店以价格便宜为优势，我们要针锋相对的话也胜算无几。

"看上去已无胜算，我们就不要再做任何消耗，像往常一样即可。"

本来还打算齐心协力，积极应战的我们，听到领导说"没有战斗的必要"，顿时心都凉了。

其实，"不采取任何措施"，无异于承认自己在战斗中已经输掉，结果肯定是输掉。

当公司想要采用新方案、施行新决策的时候，经常会有一些墨守成规、不愿接受挑战的人，站出来提出反对的意见。

遵守法律和规则固然重要，但是为了逃避，费尽心机地寻找不战的理由，不仅做不出任何成绩，还会影响团队士气，削弱团队的战斗力。

但凡工作上成绩突出的人，遇到困难，只会为准备"战胜的策略"而费心。

"不战而胜",只有在被行动积极的人正面应用为策略,而不是被消极的人反面利用为借口的时候,才是可以制胜的招式。

❖ 不战就不会获益

双赢是为了享受互给的利益,通过交涉、互换、合作的方式来实现的。

如果仅站在自己的立场上考虑,以"没有时间探讨"、"没有信心向对方表达意愿"、"没有办法与对方协商"等,作为不战的理由,那就没有双赢的可能了,最多只能是一赢一输。

只要是团体的一员,无论遇到什么问题,都要以"组织的利益最大化"为最先考虑。无论结果如何,找理由不战,也就意味着背叛,更会使组织的利益遭到损失。

所以,最可贵的不是寻找不战的理由,而是思考战胜的策略。

第三章 只用 5 秒钟，立见成效→"断舍离"

以"反正卖不出去"为由，不再生产的 T 恤。

> ◯ 赞美自己
>
> 赞美自己是推动自己取得成绩的力量。
>
> 对自己的赞美，也可以是给自己的一种压力。
>
> 比如，当你想到"这个任务完不成，就没有零花钱了"、"这个目标实现不了，一年的计划就泡汤了"，等等。
>
> 这样一来，我们就没有理由不行动了。

19　组织防御力

"遵循规章制度地工作"
　　　　　　　→ 扔掉

小剧场　"啊,我没那意思。我只是想遵守规章,怎么就成了这样呢?"

"啊,经理,不可以这样!"

土井经理正在复印着文件,黄金崎跑过来说道。

经理吃惊地回头,看到黄金崎正拿着一摞双面复印过的材料举给他看。

黄金崎说道:"根据公司的节能规定,仅用过一面的纸张,都要再次利用,您拿的是全新的纸,不能这样的。"

"是啊,可我的这份文件很重要。"

"请您稍等,按照公司的节能规定,应该这样……"

黄金崎这样说着,指向复印机前面张贴的节能规定说明书。

"应该这样,您看,您的文件是在公司内部使用,就一定要用双面来印……"

经理沉下了脸,有些不悦地说道:"是嘛,那是我不对了,下次注意。"

黄金崎得意地返回办公桌,他的晚辈绿川君叫住他。

"黄金崎前辈,您看这个宣传单怎么做好?我正在做店铺下个月要用的宣传单。"

"啊,这不合适吧。按照公司规定,此事应该先到销售部核实,再到司法科确认。另外,我觉得这个猫形标识不太妥当,很像某处用过的标识,必须要去专利厅确认才行。"

"好像是,不过只是店铺的宣传单,没必要那样吧……"

"不,不行。公司规章中写得清清楚楚,一旦违规就要接受相应的惩处。规章在哪儿来着……"

土井经理听了两人的对话,对黄金崎说道:"黄金崎,别太过分了!你的工作目的是什么?你的业绩比绿川差远了,难道这次你也想拉绿川下水不成?"

"啊,我没那意思。我只是想遵守规章,怎么就成了这样呢?"

❖ "规章制度"是为了什么而制定呢

"务必遵守交通法则"。即便没人看见,也要自觉遵守。我们在过十字路口时,明明四下没车,为什么还要等到灯亮了，才能走呢？

法则就是法则，是为了保障我们的生命安全而制定。

公司也是如此，为了保证集体的利益，才制定规章制度。

比如，公司规定，所有出勤职员，每天必须统一着装，是为了公司整体形象而考虑；公司规定，所有准备签约的合同，必须经过各个部门、各级领导的签字、盖章，才可以使用，是为了公司整体利益与风险规避而考虑。

当然，过度依章行事，也会带来弊端。

行动之前，如果只想到奉行规定，而忘记"工作的目的是什么"，就会产生思考的依赖，衍生无用的思考，以致于颠倒了目的与手段，耽误了应有的执行。

记得有一次，我去到一个酒吧。

来到吧台前面，从酒柜中选取了我喜欢的品种，想请调酒师为我调酒。

可是，调酒师摇着头说道："不行，我们这里有规定，不许调制酒单上没有的酒。"

我虽然也意识到自己点了酒单上没有的酒，但从酒吧经营的宗旨来看，不就是为了"让顾客有所享受"而提供相应的服务吗？

像这种"以满足顾客需要"为主的服务场所，如果因此能为顾客生成一项新的服务，也未尝不是一件好事。

❖ "规章制度的守护人",你是吗

超市里,一到傍晚,顾客就会增多,收银台就会有很多顾客排队。这种情况下,通常的做法是,卖场的员工进行集中调配,灵活变动,增加人手到收银台。

由此,某个领导上任后,提出指示:"每天下午16点到19点之间的3个小时,收银台必须配备两个人员来辅助收银。"

没想到,这样的一个指示变成了死规定,在顾客不多的日子,每个收银台前也同样站着两个员工,造成劳动力的极大浪费。

当然,到了周末,超市也有即使每个收银台有两个员工在工作,人手也不够的情况。

这时,我就会加入收银的行列,留另外一个同事在负责的区域。

接着,另外区域的负责人便过来警告我说:"鸟原,你这样不行,违反了规定!"

没错,我这样处理,也有问题。但是我确信,与其为了遵守规定而浪费人力,不如为了让顾客少些等待而破例行动。

所以,在工作的过程中,我们需要随时反省——"工作的本来目的是为了什么",是"为了规定"而工作,还是"为了上司"而工作?

当你清楚地知道,工作的本来意义是什么,你就不再只是一个"规章制度的守护人"了。

第三章　只用5秒钟，立见成效→"断舍离"

卖不出的T恤

按照规定，经过三次质检，还要达到十项指标，好不容易才被顾客买到的T恤。

◐ 对着"规章制度"，多问几个"为什么"

每一项规章制度，都是为了解决某一方面的问题而存在。

当你看到公司的"规章制度"，请在遵守之前，适度考虑一下它们的存在，是出于公司哪些方面的考虑呢？遵守它们，会有哪些好处和坏处呢？

请注意，此处的考虑，不是让你全部考虑，也不是要你不去遵守，而是让你以目标为导向，来借助这些规定，对手头的工作，做出及时的调整，从而高效地完成。

第三章　只用5秒钟，立见成效→"断舍离"

20　危机察知力

"处处皆风险"

→ 扔掉

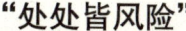

"不仅如此，估计每平方米的租金都会增多，我们的工资会不会减少啊？万一这个大楼被恐怖组织袭击，那……"

"听说我们的办公室很快就要搬迁了……"
消息灵通的冈田君向大家爆料道。
几个正在午休时间喝咖啡的同事凑了过来，好奇地问道："啊，真的吗，往哪里搬呢？"
"好像是那栋大楼……"
顺着冈田手指的方向，对面是一栋气派的大楼。
这个突然的消息，让办公室炸开了锅。
"那多威风啊，进了那栋大楼，我们的档次都提高了。"
"是啊，那样一来，客户都会对我们刮目相待，业绩定会上升。"

"进入那栋大楼，还能见到一流企业的精英职员，好期待啊。"

这时候，黄金崎若有所思地发话道："我听说那个大楼防震性能不好呢，这次搬迁不一定可行啊……"

黄金崎的话给大家泼了一头冷水，室内瞬间鸦雀无声。

田中君见状，为了照顾大家情绪，说道："黄金崎这个人比较爱焦虑。那么气派的大楼怎么会轻易倒塌呢……"

黄金崎就像没有听到田中的话一样，继续说道："不仅如此，估计每平方米的租金都会增多，我们的工资会不会减少啊？万一这个大楼被恐怖组织袭击，那……"

黄金崎愈加危言耸听了，大家陆续回到了自己的位子上。

田中君也不想再说什么了，对黄金崎说道："跟你黄金崎说话，总是这样！"

"啊，我说的有什么不对吗？为什么会变成这样？"

❖ **"夸大危机"本身就是最大的危机**

在"IN BASKET"中，把面对危机而产生的反应和行动的能力称为"危机察知力"。

我参加的运动俱乐部，为了省电，关闭了馆内的一部分照明。

这种行为本身很好。但是，连楼梯的灯都关掉了，好几次因为脚下太黑，险些把我摔倒。俱乐部的员工也走楼梯，他们也会很不方便吧。

只是，至今没有因此而发生事故，他们就认为"没有问题"，也就没有进行改善。

这是危机管理意识不足的例子。

当然，如果认为"处处都有危险"，"夸大危机"本身就是最大的危机。

例如，公司正在谈一个大客户。

市场部的人员，会看成是拓宽销路的大好时机，心里想着"终于逮到一条大鱼"。

而生产部的人员，则会十分担忧地想到"新的任务要来了"，"我们恐怕吃不下"。

所以，同一件事情，有人认为是"危机"，有人认为是"机会"。"适当的危机意识"可以规避风险，使事情顺利进展；"合适的机会"被恰当利用，也会给公司或个人带来发展。

只是，我们从中要注意觉察，自己的意识是倾向于"危机"，还是"机会"，当感知到自己的意识倾向于"危机"，并不断地进行无用思考的时候，甚至将其无限扩大的时候，就要小心了。

因为，这种"不当的危机意识"，往往会让你因此而放弃本可以出色完成的工作，放弃本应该属于你的良好机遇。

❖ "危机"和"机会"，怎么选择呢

在这里，我们将用到"SWOT分析"这种方法。

请大家试着对自己进行一下"SWOT分析"，列举出内部环境中，自己（或本公司）的"强大"和"弱小"，外部环境中的"机会"和"危机"。

用SWOT进行自我分析

联合"强势"与"机会"，求幸存吧

现在，哪个项目中填写的内容比较多呢？

"机会"这一项填写较多的人，把事情看成是"机会"的倾向较强。这种类型的人，知道自己的"强势"所在。

另一方面，"危机"这一项填写较多的人，把事情看成是"危机"的倾向较强。这种类型的人，知道自己的"弱势"所在。

由此，"SWOT分析"联合自己的"强势"跟"机会"，就可以分析出自己应当采取何种策略，才是幸存之道。

当然，联合"弱势"与"危机"，考虑防卫策略也是一种手段。但是，那是为了"减少损失"所应考虑的。

重要的是，不能偏重于"弱势"、"危机"来进行分析，应该在理解了每个项目的基础之上，进行综合性分析。

其实，无论是"机会"还是"危机"，都是自己头脑的判断。

能够左右你选择的，究其根本，是你对待事物的看法。

你的看法改变了，结果就会完全不同。

断舍离工作术
舍弃思维5秒钟,9成工作变轻松

以"若是卖不掉就会造成库存积压"为由,停产的T恤。

○ 写份"自我说明书"

平时的我们,很少有机会进行自我分析。

特别是,身在职场,更容易考虑到"危机",却很少考虑到"自己的强项是什么"。

所以,把自己的强项列入"自我说明书"吧。

你会发现,在分析自己强项的过程中,那些"危机",在不知不觉中,就变成了你的"机会"。

第三章　只用5秒钟，立见成效→"断舍离"

21　人际交往的能力

"随意的猜想"　　　→ 扔掉

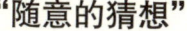 "果然是在生气啊，为什么会变成这样呢？"

"黄金崎，你的电话，又是C公司的大木打来的。"

黄金崎抽出已经放进传真机的文件，匆忙拿起身边的听筒。

"你好，我是黄金崎。刚刚正在发传真，不好意思。嗯？喂……"

放下听筒，黄金崎的脸色立即变得铁青。

田中君见了，关心地问道："怎么了，黄金崎？"

"大木好像因为什么生气了。我也没干什么呀，他挂电话的方式也太不寻常了。"

"大木经常有事就挂电话，你不用放在心上。"

"呀，他绝对生气了。是我发传真接电话晚了……"

> "你多虑了。"
>
> 田中说完，继续工作。
>
> "咦，田中，我没惹你生气吧？"
>
> "嗯，没。"
>
> "不，你有点不对劲。我说什么让你不高兴了吧。你脸色不好，肯定是生气了吧？"
>
> "你说什么呢？我真没生气。"
>
> "不，跟平常不太一样。我不知道你为什么生气，先给你道歉了啊。"
>
> "你别太过分好不好！我可什么都没说！"
>
> 田中忍无可忍，站起身走出办公室。
>
> "果然是在生气啊，为什么会变成这样呢？"

❖ 不能把自己的臆想强加给别人

在"IN BASKET"的课堂上，把考虑"别人或周围人怎么想"作为"human skill"（人际交往的能力）予以评价。对人的关怀、慰劳、道歉等都属于"human skill"。

但是，过分发挥这种能力，可能会产生意想不到的后果。

例如，你跟平常一样，与朋友交谈的时候，发现"朋友跟以往不太一样"。

接着，你就开始猜想了。

"是因为我昨天说的话不对吧？"

"还是我刚刚说话的方式不对呢？"

这些无用的思考，被你反复演绎，最终，你会更加肯定还是自己让对方不愉快了。

人的心理，很是奇特，只要一认定"对方在生气"，就容易"先入为主"，即便对方在笑，你也会觉得那是故作开心。

就这样，把自己的错误判断，强加给了对方。

"你到底生的哪门子气呢？"

如果你在心情愉悦的时候，有人这样问你，你会怎么想呢？

其实，这样的提问本身，才是让人不悦的开始。

如果不能及时制止，就容易引发矛盾，产生无谓的争执。

因此，这些无用的思考，虽然微妙，却直接决定了你与人关系的好坏。

❖ 关注"对方在生气"，不如弄清"对方为什么生气"

注意到"对方正在生气"不是一件坏事。

要想让"对方不再生气"，就不能只看到表面，而不知其原因。

比如，在与客户合作的过程中，当你发现客户有所不满，只采取道歉的措施，往往解决不了问题。

关键是要根据合作的方案，查明哪个环节发生了怎样的问题，找出真正的原因，才是最有效的危机处理办法。

卖不出的T恤

购买后的一周，店家每天都会打来电话问"有没有问题"的T恤。

现在就来挑战！

◯ 只想一次，只问一次

当发现"对方在生气"，是真是假，你只给自己一次推断的机会。

然后，不再多想。

这时的你，只需要问一句，"我有什么可以帮你吗？"

就这样，一次就好。

22　自我宣传力

"自己很了不起"

→ 扔掉

小剧场　"这个，没什么可隐瞒的，是我做的。大家都说这样的格式用起来很方便呢。"

"为什么别人对我的评价不高呢？"

黄金崎在休息室里，看着今天拿过来的评定表，垂头丧气地说。

田中君见状，给黄金崎提出了建议，说道："黄金崎，做点自我宣传吧。让经理看到你努力的时刻。"

"推销自己啊。也就是说，不管自己多努力，别人要是看不到就白费啊。好，我试试。田中，谢谢你！"

黄金崎紧握评定表，返回了办公室。

没过一会儿，土井经理正要复印文件的时候，黄金崎小跑了过去。

"经理，您要复印的话，就交给我吧！"

"就只有一张,不用,谢谢。"

黄金崎瞬间心灰意冷,转眼看见经理手中拿的文件,又来了精神。

"经理,您知道这份文件的格式是谁做的吗?"

"哦,不知道。"

"这个,没什么可隐瞒的,是我做的。大家都说这样的格式用起来很方便呢。"

"哦,是吗?可是,你有什么事吗?"

"还有,今天您要我回复的商务邮件,也是我昨天下班后,特意买了参考书,认真写的呢。"

"你到底有什么事?"

"还有,您大概不知道,您座位旁边的垃圾筒,有时候是我倒的呢,而且……"

"够了。你从一开始到底想说什么?有说这些废话的工夫,还不如快点去工作!"

"嗯?怎么又变成这样?"

❖ **"自我宣传"不是自己来做的**

在工作中,对自我进行一定的宣传,希望得到一定的认可,这是必要的。

但是，把"自我宣传"仅作为目的，就是错误的思考。

不论做了什么事，都宣称"那是我的能耐"，即便真的取得了成绩，效果也会大打折扣。

比如，在你第二天上班时，发现自己的办公桌变得干净了。你会好奇"是谁做的"，向周围的人询问。

这时，第三个人会告诉你"是某人做的"，你便感觉到"某人真是体贴啊"。

但是，如果当事人自己说"那是我收拾的，很干净吧？"

这时，你会觉得"原来是想让我表扬才收拾的"。

这就是区别，在往后的工作中，你就知道该怎样做了吧。

有实力的人，从不需要"自我宣传"。声誉不高的人，才会大肆进行"自我鼓吹"。

就如同，真正的品牌，从来不是通过"自我标榜"树立的，而是被人们口碑相传，经过时间验证的。

所以，最有效的"自我宣传"方法，是间接地进行宣传。

❖ **若能解决别人的问题，你的评价自然会高**

别人不认为是问题的问题，你却宣扬"是我做的"，不会有什么效果，反而多此一举。

要想获得别人的好评，最简单的办法就是解决别人的问题。

比如,会议进行中,某项棘手的工作想要交给谁来负责,却无人表态的时候,有个部下举手表示"我来做"。

也许,其他的人会认为他这是为了"自我表现"。但是,他解决了当下"无人负责的工作",那就是"有效的自我宣传"。

请记住,要想获得别人的认可,原则就是"行动不是为自己,而是为别人。"

卖不出的T恤

没被明星穿在身上的T恤。

○ 把想法从"推"转变成"拉"

销售商品有两种方法,"Push 战略"和"Pull 战略"。

"Push 战略"是推,即自我推销。"Pull 战略"是拉,即把功夫下在不用推销也有人想买上。

自我宣传不应是"Push 战略",而应是"Pull 战略"。

如果把自己看成商品,想想"怎么做才会有人买呢"。

只要付诸行动,实践思考,自我宣传的方法,就会因此改变。

第四章

控制"无用的思考"

1 了解自己 "思考的框架"

● 构筑"成长基石"的必备要素

我很乐意成为**"IN BASKET"**的讲师,我也有职业咨询师资格证书。

为了拿到证书,我报考了专门的辅导学校,当时学习的第一课题就是"了解自我"。

咨询师的工作,主要是指导他人。所以,必须具备专门的知识与技能。

但是,如果咨询师不了解自身状况,即便掌握了必备知识与技能,也不会灵活运用。

所以,咨询师必须先了解自身,才能打好职业的基础。

咨询师可以指导他人,有一个前提,就是先要学会转化自己的负面因素,正负相抵,达到一种平衡,做到这点十分重要。

我之前有一段时间对弹珠游戏很是着迷,现在已经不玩了。

试着分析一下，我当时为什么总是失败还总是想玩儿。

那是因为自己内心总想着"一定要赢"，却败得很惨。当想着"一定要赢回来"的时候，接着就会投入更多。

如此，失去了冷静的判断能力，反而输掉的越来越多。

相反，当我越是想着"今天输了也无所谓"的时候，越是能够大把地挽回损失。

所以，无论咨询师的工作，还是自己的工作，都是同理。

越是在负面的状态中，越要考虑怎样转负为正，使之接近于平常的水准，当然，也不要过急地向正面的状态转换，这需要一个自然的过程。

这是一种练习，更是成长过程中必备的技巧。

● 关注失败的"真正原因"

在"IN BASKET"的培训课上，让我感触最深的，是许多听讲座的学员，掌握了最新的理论知识，却不会灵活运用，反而生成了过多的困扰，带来了消极的影响。

当然，学习各种各样的理论知识是必要的。

但是，不根据实际的需要，不确认自己的根基是否稳固，而盲目地学习，只会成为负担，徒劳无功。

第四章　控制"无用的思考"

我在课程中讲过，对比之前的失败，才能发现问题的所在。

有些人即使精通心理学和处理人际关系的技巧，却不能与人很好地相处，是因为他们只注意到了表面的问题，没有发现问题的根本。

本书中，介绍了各种各样"无用的思考"。读者朋友们在阅读过程中，应该注意到了束缚自身的无用思考都有哪些。

这些"无用的思考"，正是你一直努力，却成果颇微的根本原因。

消除了这些绊脚石，自然就会取得理想的成果。

2 逐一消除"无用的思考"

● 逐项修正"无用的思考"

在这之前,我说了"改变思考方式,不要过度思考"。

实际上,思考这东西,在短时间内是不会改变的。

如果你想一蹴而就去改变,那又是一个"无用的思考"了。

你的思考方式,经过了多年,一直与你相伴。

受到父母、朋友的影响,也受到环境等各种因素的影响,才有了你现在的方式。

所以,即使注意到了"无用的思考",也不能完全停止那样的思考。你应该舍去的,仅仅是思考里变成无用的那一部分。

换个角度来看,"无用的思考",原本是工作中必要的能力。

进一步说,"无用的思考",只是原本必要的能力因为某种原因而过度发挥的部分。

所以,丢掉全部的思考,又会生出别的弊端。

比如，一个有过度分析倾向的人，把这当成"无用的思考"，完全不分析了，这样又会导致错误的想法与决定。

所以，对于"无用的思考"，不是"全部丢掉"，而是去"抑制"。

稍微拧紧能力过度发挥的水龙头，以这样的觉悟来实践，整体的成果就会事半功倍。

● 思考的程度要随"环境"而定

发现"无用的思考"，是让你巧妙地把握"度"的问题。

也就是说，不是丢掉一切，而是学会控制。

有的时候，我也会因为过度发挥问题分析的能力，导致眼里看到的公司，到处都有问题。

这时，我会提醒自己"已经倾向于过度分析问题"，告诫自己"不是重大问题不插手"。

这样，我才能做到正确地处理"无用的思考"。

我再重复一次，因为实在是太重要了——"不是让你把思考全部丢掉，而是巧妙地予以修正"。

3 把"无用的思考"和"行动"割离

● 扔掉无用的思考,抓住每次机会

由于"无用的思考"而产生的麻烦、遭遇的损失,相信你或者你身边的人,都有过体会和经历。

尽早地结束因为过度的思考带来的麻烦与痛苦吧。

我自身也是在经历了失去之后,才注意到"原因在于自己无用的思考",并开始着手修正那些"无用的思考"。

迄今为止,我有幸把握良机,写了十几本书。

但是,原本小心谨慎的我,当初因为过多顾虑"书在出版以后,周围的人会怎么说",而错失了写第一本书的大好良机。

之后我才痛定思痛,改变想法,挑战写书与出版。

生于大阪的我,学生时代曾经想过,"到死都不离开大阪,大阪是最好的"。

担任超市负责人的时候,接到东京总公司派遣任务的通知

后，我拒绝说"我不想去东京"。

但就是那样的我，现在是身处于伦敦写这份稿子。

英语都讲不了的我，独身一人在这陌生的土地上工作。

● 拥有扔掉"理想"的勇气

"抛开思考"不是为了停止思考本身，而是"不要把无用的思考付诸实践"。

"停止无用的思考"，采取应有的行动，取得的成果一定会大有改观。

当失去重要的东西之后，才注意到思考的无用，未免追悔莫及。

有些"无用的思考"，也许只有你自身认为是正确的，是正义的，可能只是你自己的"理想"。

当然，你那么想也无妨。

但我想说，请你稍微拧紧过度思考的水龙头，虚心听听周围人的建议吧。

想想今后的美好人生，你还有各种各样的经历等着你去体验。

让我们从现在开始，停止"无用的思考"，让生活变得更简单，让工作变得更轻松，一起行动起来吧。

结语

"无用的思考"我们谁都有。无论是我,还是你。

细细想想那些无用的思考,那是我们的个性,也是我们的得意之处。而同时,我也见过无数的人正为其苦恼。

在本书的写作过程中,也有许多"无用的思考"进入我的大脑。

有的书,我预计由十万字构成,但往往写着写着就到了十五万字。

所以,只好删减文章,以一双"断舍离"的眼睛来看,要删减的部分就会很多很多。

"什么都想传达"、"这样写会更好地传达",反而容易变成写作过程中的无用思考,带来"无用的写作",只怕写作的过程中,丝毫没有发现这些写作是多余的字句。

但自始至终,我是抱着这样的想法来写本书——"只要能够帮助商务人士,舍去一点'无用的思考',免除一些没必要吃的苦头,摆脱一些没必要受的煎熬,就足够了"。

本书的小剧场中,主人公黄金崎君,总是在问"为什么会变成这样?"

也许他只要丢掉一点"无用的思考",多年之后,就很有可能成为公司内部被采访的"英雄人物"。

为了助你在工作中取得成功,成为"自己的英雄"。

我在此建议,请控制"过度的思考",舍弃那些"无用的思考"吧。

衷心感谢阅读本书的读者朋友,感谢你们!

译者序一

当我拿到本书的时候,看到"舍弃思维5秒钟,9成工作变轻松",就让我立刻想到山下英子的《断舍离》一书。

《断舍离》是让我们在生活中"丢掉无用的东西",用"断舍离整理术"来给身心减负;而本书《断舍离工作术》是帮助我们在工作中"舍弃无用的思考",用"断舍离工作术"来让工作变轻松!

两书在"断舍离"这一理念的传达上,可谓神似,有着异曲同工之妙。

山下英子提出的"断舍离","断"即不买、不收取不需要的东西,"舍"即处理掉堆放在家中没用的东西,"离"即舍弃对物质的迷恋,让自己处于宽敞、自由自在的空间。

其实,这种"断舍离"的思想,与需要做出的改变和行动,在职场中同样适用,而且更值得提倡。

本书正是专门实用于工作的领域,给所有渴望解压的人、所有想要工作无烦恼的人、所有寻求自我突破、注重自我锻炼与思考的高效能人士,带来了"断舍离思考法与工作术"。

断舍离工作术

舍弃思维 5 秒钟，9 成工作变轻松

本书旨在让我们，于平时的生活中，特别是工作中，发现并停止"无用的思考"，让自己的思维，在行动前的 5 秒，来一次"断、舍、离"。"断"即是让自己的思考从发生断裂开始，断掉冗杂的思索；"舍"即舍弃掉自己头脑中多余的想法；"离"即从此脱离对思考的执念。当这一切被你掌握，你会发现，工作变得如此轻松而简单，这些方法又是如此的疯狂而神奇。

正如本书的作者鸟原隆志所言，许多人在工作中，努力到最后，却是"吃力不讨好"。究其原因，并非自身想得不够多，做得不够好。而是由于思维方式发生了错误，想得太多，做过了度，反而做不出业绩，取得不了想要的成果。不断的挫败、过多的不理想，不但消减了我们工作的热情，打击了我们工作的积极性，而且还让我们失去了信心，给我们的生活增添了负担，失去了宝贵的晋升空间，阻碍了事业的发展。

由此，出于以上的种种考虑，作者贴心而又全心地著作本书，不但有"思想"，而且还有"术"。引导我们在清楚自己思考方式的同时，发现并逐一修正过度的思考，从而达到工作高效的目的。再加上书中生动的小剧场演绎、各种详实的建议、以及发出的挑战，都让我们的改变，自始至终，有"剧"可看、有"理"可明、有"术"可用。

综上，就是我为什么要把本书翻译过来，将之呈现给大家的理由。

译者序

  我相信这本书真的可以帮助到大家！

  只要这本书的出现，能让每一个人，开始一种思考，一种可停止的思考，停止一些无用的思考，最终能让每一个人"在工作中不累"，"在生活中少些烦恼"，就足够了！

  感恩！感谢每一位读到此书的朋友！

段博惠

译者序二

这本书带给我们的,不仅是一种工作的方法,还是一门"放弃"的艺术。

本书向我们传达出,生活中最佳的享受是什么,达到美好境界的原则是什么。

学会"放弃",首先要认识到什么是好的、美的东西。然后在有分寸的前提下,适度占有这些好的、美的事物。这是享受事物的先决条件。一个人越是任性、执拗地依附于某些东西,就越是贫穷。一个人幸福与否,也并不取决于积攒了多少钱,拥有了多少物质上的东西。只有在具备了正确的观念,以及正确观念下的正确态度和正确行动,我们才可以谈及幸福和富有。

而本书,就是以独特的视角向我们阐明,选择和放弃是人生各个阶段必须面对的挑战,是人们在社会生活中所应掌握的生存艺术。使每个人在纷繁复杂的工作中保持清醒的头脑,从而帮助身处困境的人们,打破陈旧的观念,获得新的思维方式,即是本书的作用所在。

台湾作家吴淡如说过:"人生不一定要拥有什么"。

译者序

人到了某个年纪，在拥有某些东西之后，才会发现，自己构建的人生就像一栋华美的大厦，空有一个硬壳，却年久失修，不是水管不灵，就是墙皮剥落，想要大修却又很难找出大的问题，除非你把整栋房子拆掉。但你又不舍得拆掉，那是一生的心血，拆掉了，所有的人会不知道你是谁，你也将不知道自己是谁。

很多事业有成的人，很难推拒一个不适合自己的应酬，怕人说自己越来越牛了；某些不适合的场合，想走却很难转身就走，怕人说自己的 EQ 值实在太低；面对情人，很难离开，明明知道她或他根本不适合自己。我们明知不能够再混沌下去，还是舍不得。耽搁无益，贪多无益，道理都晓得，还是舍不得。

究其原因，是因为我们还想多得到一些什么，对吗？

我们的人生，最是难逃"舍与得"。我们更大的渴望，往往是获取和占有，最大的忽略，常常是舍弃和丢掉。

其实，有些东西，占有了一辈子，也不见得有用。有些东西，没有用的不丢出去，好用的也进不来。所谓的"人生观"，大概就是如何决定孰去孰留的问题吧。

所以，《断舍离工作术》这本书，就是将这样的大问题简化，直接化为能被我们所用，专用于工作的"术"，为了我们的工作更轻松，为了我们的生活更美妙，为了我们的人生拥有更多空间来体现生命的意义，我为之转身了，把它带给大家来应用了。

希望这本书，能以亮丽的形象，动人的内文，不失效用的方法，赢得大家的转身！

谢谢大家！

王国宇